社会福祉法人制度改革の解説と実務

平成29年 全面施行対応版

菅田正明・市野澤剛士・香取隆道

編著

ぎょうせい

はじめに

　本書は、主に社会福祉法人の役職員、社会福祉法上の所轄庁となっている自治体職員の方々向けに、社会福祉法改正による改正点を整理した上、実務において遭遇するであろう問題をできるだけ広くカバーし、弁護士及び公認会計士の立場から解説を試みたものです。

　この度の社会福祉法改正は、社会福祉法人制度改革として位置付けられており、法人のガバナンスが大きく変更された上、会計監査制度が導入されるなど、社会福祉法人の法人運営に大きな影響を与える内容となっています。

　また、法人監査を実施する自治体職員にとっても、これまでと社会福祉法人の運営方法がかわるため、監査を適切に行うためには法改正後の実務を正確に理解する必要があります。

　法改正による実務の変更点は複雑かつ多岐にわたっているにもかかわらず、理事会・評議員会の運営や社会福祉充実計画の作成などの対応はどの社会福祉法人でも待ったなしで行っていかなくてはなりません。

　そこで、本書では、法人運営及び法人監査を行う上で、実務上押さえておくべき事項をQ&A方式でできるだけわかりやすく解説することを試みました。執筆者の力不足で必要かつ十分な解説となっていない部分もあろうかと思いますが、多様なバックグラウンドを持った執筆者が自らの経験を踏まえて解説させていただきましたので、本書が、社会福祉法人の役職員及び自治体職員の方々のお役に立つことができれば幸いです。

　最後になりますが、本書の企画から完成に至るまで、多大な御尽力と御助言をいただきました株式会社ぎょうせいの諸氏に心から御礼を申し上げます。

平成29年2月

菅田　正明
市野澤　剛士
香取　隆道

凡　例

社会福祉法
　　平成28年4月1日以降施行　　　　　　　かっこ内：法
　　　　　　　　　　　　　　　　　　　　　本文：改正社会福祉法
　　平成28年3月31日以前施行　　　　　　　かっこ内：旧法
　　　　　　　　　　　　　　　　　　　　　本文：改正前社会福祉法

社会福祉法等の一部を改正する法律（平成28年　　附則
法律第21号）附則

社会福祉法施行令　　　　　　　　　　　　　　令

社会福祉法等の一部を改正する法律の施行に伴う　整備令
関係政令の整備等及び経過措置に関する政令

社会福祉法施行規則　　　　　　　　　　　　　規則

社会福祉法等の一部を改正する法律の施行に伴う　整備規則
厚生労働省関係省令の整備等に関する省令

一般社団法人及び一般財団法人に関する法律　　　一般法人法

「社会福祉法人制度改革の施行に向けた留意事項　ＦＡＱ
について」等に関するＱ＆Ａ

「社会福祉法人の認可について」の一部改正につ　定款例
いて（平成28年11月11日雇児発1111第1号、
社援発1111第4号、老発1111第2号）別紙2社
会福祉法人定款例

社会福祉法人　　　　　　　　　　　　　　　　法人

社会福祉法人会計基準（※H29.4.1以降適用され　会計基準
る改正織り込み済み）

社会福祉法人会計基準の運用上の取り扱い　　　　局長通知

社会福祉法人会計基準の運用上の留意事項　　　　課長通知

目　次

第1章　改正社会福祉法の概要

1　背景・概要　*2*
2　社会福祉法改正の概要　スケジュール　*4*

第2章　社会福祉法人の機関と運営

第1節　機関の概要
3　必要な機関　*8*
4　任意の機関　*11*

第2節　評議員
5　評議員の要件　*12*
6　評議員の定数　*16*
7　評議員の選任方法　*17*
8　評議員選任・解任委員会の人数と構成　*18*
9　評議員選任・解任委員会の運営　*19*
10　法改正後初の評議員選任　*21*
11　評議員の補欠選任　*23*
12　評議員の欠員時の対応　*26*
13　評議員の権限　*28*
14　評議員の報酬　*32*
15　評議員の損害賠償責任　*36*

第3節　評議員会
16　評議員会の位置付け　*37*
17　評議員会の決議・承認事項　*39*
18　定時評議員会の開催時期　*42*
19　評議員会の開催手続　*43*
20　評議員会決議の省略　*45*
21　評議員会招集通知の記載事項　*46*

22　評議員会の電子メールによる招集通知　*49*
23　招集通知に記載のない議題・議案　*50*
24　評議員会の決議方法　*52*
25　評議員会の議長と特別利害関係評議員　*54*
26　評議員会での説明・報告義務等　*55*
27　評議員会議事録の記載事項　*57*
28　評議員会決議を争う訴え　*60*

第4節　理事

29　理事の要件　*63*
30　理事の任期と選任方法　*66*
31　理事の補欠選任　*68*
32　理事の欠員時の対応　*70*
33　理事の権限・義務　*72*
34　理事の報酬　*75*
35　理事の損害賠償責任　*78*
36　理事の法人に対する責任の免除・限定　*80*
37　競業取引　*85*
38　利益相反取引　*87*
39　理事長の選定等　*90*

第5節　理事会

40　理事会の権限　*92*
41　理事会の招集方法　*94*
42　招集通知に記載のない議題　*97*
43　業務執行の決定　*98*
44　理事会の報告事項　*101*
45　内部統制システムの整備　*103*
46　理事会の決議方法　*108*
47　理事会の議長　*111*
48　理事会の議長と特別利害関係理事　*113*
49　特別利害関係理事の範囲　*114*
50　理事会決議の省略の要件　*116*
51　理事会決議の省略の手続　*118*

目　次

　52　理事会の議事録　*124*
　53　特別利害関係理事がいる場合の議事録　*128*

第6節　監事
　54　監事の選任等　*130*
　55　監事の職務・権限・義務　*134*
　56　監事の欠員時の対応　*138*
　57　監事の損害賠償責任　*140*

第7節　会計監査人
　58　会計監査人の選任　*144*

第3章　社会福祉法人の事業運営の透明性

　59　役員等の報酬　*148*
　60　決算手続　*150*
　61　情報開示　*156*

第4章　社会福祉法人の財務規律

第1節　特別の利益供与の禁止
　62　特別の利益供与の禁止　*160*
　63　特別の利益　*161*
　64　特別の利益供与が禁止されている関係者　*163*
　65　役員等との取引に関する開示　*165*

第2節　社会福祉充実計画
　66　社会福祉充実計画　*168*
　67　社会福祉充実残額　*170*
　68　社会福祉充実計画の作成方法　*174*
　69　社会福祉充実計画の申請手続　*182*
　70　社会福祉充実計画の変更手続　*186*

v

71　社会福祉充実計画の公表　*189*

第3節　会計監査人による監査
  72　監査とは　*190*
  73　会計監査人監査の目的　*192*
  74　会計監査人の監査対象　*193*
  75　監査手続の概要　*194*
  76　会計監査人　*195*
  77　会計監査人監査によるメリット　*197*
  78　会計監査人監査の対応　*199*
  79　会計監査人監査のスケジュール　*200*
  80　監査対応のための準備　*204*
  81　監査契約締結前の事前調査　*209*
  82　会計監査人が特に重視するポイント　*210*
  83　会計監査人監査と内部統制　*212*
  84　会計監査人による内部統制の評価　*213*
  85　決算時の監査　*215*
  86　監査結果の報告　*218*
  87　無限定適正意見　*220*
  88　除外事項を付した限定付適正意見　*221*
  89　不適正意見　*222*
  90　意見不表明　*223*
  91　監査結果が法人に与える影響　*224*
  92　監査報酬の目安　*225*
  93　専門家の指導　*227*

第4節　財務報告目的の内部統制の整備
  94　内部統制とは　*229*
  95　内部統制の必要性　*231*
  96　財務報告目的の内部統制　*232*
  97　全体的な内部統制　*234*
  98　業務プロセスに関する内部統制　*238*
  99　決算財務報告プロセスに関する内部統制　*240*
  100　ITに関する内部統制　*241*

101 社会福祉法人における不正 *243*
102 不正を防止するための内部統制 *244*
103 内部統制の見直し *246*

第5章　社会福祉法人の定款変更

104 定款変更の内容・手続 *250*
105 定款の記載例 *252*

第6章　社会福祉法人の合併

106 合併の効果・検討の視点 *254*
107 合併の手続 *256*

第7章　行政の役割と関与の在り方

108 社会福祉法人に対する指導監督の見直し *266*
109 行政と社会福祉法人の関わり方 *268*

第8章　公益的取組

110 公益的取組 *272*
111 地域における公益的な取組の実践例 *274*
112 生活困窮者支援分野における取組例 *276*

第1章
改正社会福祉法の概要

背景・概要

 今回の改正の背景や主な改正点を教えてください。

 福祉ニーズの多様化・複雑化や公益法人制度改革、他の経営主体とのイコールフッティングを検討する必要性等を背景に、主に、経営組織の強化、情報開示の推進、内部留保の位置付けの明確化と福祉サービスへの投下、地域における公益的な取組の努力義務化、行政による指導監督の強化などの点について改正が行われました。

解説
1　今回の改正の背景
(1)　多様化・複雑化する福祉ニーズへの対応

昭和26年、社会福祉事業法（昭和26年3月29日法律第45号）により社会福祉法人制度が制定されて以降、社会福祉に対するニーズは、人口構造の高齢化、一人暮らし、夫婦のみ（世帯）及び高齢者の増加、精神疾患による精神的・経済的困窮、地域での孤立、子供に対する虐待の深刻化等、社会の変化に伴い、多様化・複雑化しています。

社会福祉法人には、他の事業主体が制度や市場原理により対応することが難しい多様化・複雑化した福祉ニーズを充足し、地域社会に貢献していく役割が期待されており、この役割を果たすため、これまで以上に公益性の高い事業運営が求められています。

(2)　公益法人制度改革の影響

平成18年に実施された公益法人制度改革においては、公益認定に際して備えるべき公益性の具体的内容が示されました。社会福祉法人においても、公益法人の一類型として同様の公益性を備えることが求められています。

(3)　イコールフッティングの確立

平成12年に成立した社会福祉法により、多様な主体が社会福祉サービスを提供することができるようになりました。しかし、事業者間において適用される規制等が異なることから、同じ市場でサービスの提供を行う上で、規制と優遇の公平

性をどのように考えるか、いわゆる「イコールフッティング」が議論されました。
　平成26年6月24日に閣議決定された規制改革実施計画では、「介護・保育事業等における経営管理の強化とイコールフッティング確立」のなかで、社会福祉法人の、役員報酬の開示や内部留保の明確化等が指摘されています。

2　主な改正点

　このような状況を背景に、公益性・非営利性の徹底、国民に対する説明責任及び地域社会への貢献を社会福祉法人制度の見直しにかかる基本的な視点に据え、主に、経営組織の強化、情報開示の推進、内部留保の位置付けの明確化と福祉サービスへの投下、地域における公益的な取組の努力義務化、行政による指導監督の強化などの点について改正が行われました。

社会福祉法改正の概要　スケジュール

平成29年4月1日施行事項に対応するため必要となる手続及びその時期について教えてください。

平成29年4月1日施行事項に対応するため、定款変更、評議員の選任、新役員候補者の選定、新役員の選任等にかかる評議員会の開催、理事長の選定及び理事長就任の登記等の手続が必要になります。

解説

　社会福祉法の改正に伴い、平成29年4月1日より、①社会福祉法人の機関等、②事業運営の透明性、③社会福祉充実計画、④行政の関与に関する規定などが施行されます。この改正に対応するため必要となる手続及びその時期は、概ね以下のとおりです。

社会福祉法改正の影響・必要となる手続

施行日前日 (H29.3.31)	● 施行日前日における評議員が任期満了により退任（附則9条3項） ★ 定款変更をして、所轄庁の認可を受ける（附則7条1項）（※1） ★ 評議員を選任（附則9条1項、法39条）（※2）
施行日 (H29.4.1)	● 定款変更の効力が発生（附則7条2項） ● 評議員選任の効力発生（附則9条2項）
	★ 決算（※3） ★ 社会福祉充実計画の作成（※4） ★ 理事会の開催（※3、5） ★ 計算書類等の備置き（※6）　　★ 財産目録等の備置き（※7）
定時評議員会開催日 (H29.6.30まで)	★ 評議員会の開催（※8） ● 役員が任期満了により退任（附則14条）
	★ 理事会の開催（※9）

● 社会福祉法改正の影響
★ 必要となる手続

第1章　改正社会福祉法の概要

※1　定款変更及び所轄庁の認可
　　社会福祉法の改正により必要となる定款変更をして、所轄庁の認可を受ける必要があります。

※2　評議員の選任
　　平成29年4月1日（以下「施行日」といいます。）前に設立された社会福祉法人は、施行日までに、あらかじめ、定款の定めるところにより、評議員を選任しておかなければなりません。

※3　決算
　　計算書類や財産目録などの作成（法45条の27第2項、法45条の34）、監事による監査（法45条の28）、理事会による承認（法45条の28）等の手続が必要となります。

※4　社会福祉充実計画の作成
　　法人は、毎会計年度において、社会福祉充実残額を有するときは、社会福祉充実計画を作成し、所轄庁の承認を得る必要があります（法55条の2柱書本文）。

※5　理事会の開催
　　計算書類の承認（法45条の28第3項）、評議員会の招集手続（法45条の9第10項、一般法人法181、182条）等を行う必要があります。

※6　計算書類等の備置き
　　法人は、計算書類等を、定時評議員会の日の2週間前の日から5年間、主たる事務所に備え置く必要があります（法45条の32）。

※7　報酬の支給基準等の備置き
　　法人は、毎会計年度終了後3か月以内に、財産目録、役員名簿、報酬等の支給の基準を記載した書類等を作成し、主たる事務所に5年間、その写しを従たる事務所に3年間備え置く必要があります（法45条の34第1項）。

※8　評議員会の開催
　　計算書類の承認（法45条の30第2項）、役員の選任（法43条）、社会福祉充実計画の承認（法55条の2第7項）等が必要になります。

※9　理事会の開催
　　理事長の選定（法45条の13第3項）等の手続が必要となります。なお社会福祉法人の代表権を有する者は、登記事項です（組合等登記令2条2項4号、別表）。

第2章
社会福祉法人の機関と運営

第1節　機関の概要

必要な機関

社会福祉法の改正により、設置することが義務付けられる機関等について教えてください。

①評議員、②評議員会、③理事、④理事会、⑤監事の設置が必要となり、理事の中から理事長1人を選定しなければなりません。また、特定社会福祉法人は、会計監査人を設置する必要があります。

解説

設置することが義務付けられる機関等について、改正の前後を比較すると、以下のとおりです。

機関	改正前	改正後
評議員	△	○
評議員会	△	○
理事	○	○
理事会	×	○
理事長	△	○
監事	○	○
会計監査人	×	特定社会福祉法人は○

○：法律上設置が必要な機関
△：社会福祉法人審査基準に設置について規定されている機関
×：設置が任意とされる機関

1　評議員・評議員会について

改正前は、社会福祉法人審査基準により、一部の法人について評議員及び評議員会を設置することと規定されていましたが、法律上、設置が必要とされる機関ではありませんでした。

改正後は、全ての法人に設置が必要とされる機関とされました（法36条1項）。

2　理事について

改正の前後を通じて、全ての法人に設置が必要とされる機関です。

法では、権限や責任が規定されていませんでしたが、改正社会福祉法にこれらが明記されました。

3　理事会について

改正前社会福祉法では、法律上、設置が必要とされる機関ではありませんでしたが、改正社会福祉法では、法人の業務執行機関として、設置が必要とされる機関とされました（法36条1項）。

4　理事長について

改正前は、社会福祉法人審査基準により、理事の中から理事長を選出することと規定されていましたが、法律上、設置が必要とされる機関ではありませんでした。また、原則として全ての理事が法人の代表権を有し、定款の規定により、一部の理事にのみ代表権を与えることが認められていました。

改正後は、法律上、設置が必要とされる機関とされ、当然に法人の代表権を有するものとされました（法45条の13第3項、45条の17第1項）。

5　監事について

改正の前後を通じて、全ての法人に設置が必要とされる機関です。

従来、監事の職務や責任は、社会福祉法人審査基準に規定されていましたが、改正社会福祉法にはこれらが明記されました。

6　会計監査人について

社会福祉法改正前は、法律上、設置が必要とされる機関ではなく、社会福祉法人審査基準において、法人運営の透明性の確保の観点から、外部監査の活用を積極的に行うことが適当である旨が規定されるに留まっていました。改正社会福祉法は、一定の事業規模を有する特定社会福祉法人について、会計監査人の設置を義務付けました（法37条）。

改正前（実線は必置、破線は法上任意）

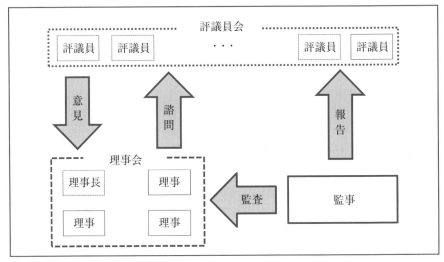

改正後（実線は必置）

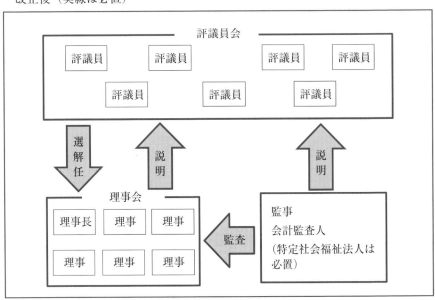

第2章 社会福祉法人の機関と運営

任意の機関

改正社会福祉法に規定されていない機関を任意に設置することはできますか。

任意の機関を設置することができます。しかし、改正社会福祉法に規定されている各機関の権限を制限したり、また、法定の権限を代替するような機関を設置することはできないと考えられます。

解説

多様化・複雑化する福祉ニーズへの対応や平成18年に実施された公益法人制度改革の影響などにより、公益性・非営利性の徹底、国民に対する説明責任及び地域社会への貢献を基本的な視点に据え、社会福祉法が改正されました。

改正社会福祉法の下では、経営組織の強化を図るため、評議員、評議員会、理事、理事会及び監事の設置が義務付けられ（法36条1項）、各機関の資格、職務の内容、権限等が明確に規定されました。

効率的な業務運営等の観点から、上記以外の機関を任意に設置することは、禁止されていません。例えば評議員の選解任について、評議員選任・解任委員会を設置したり、執行役員を設置し、特定の業務執行を理事から委譲すること等が考えられます。しかし、法定されている機関の権限を制限する等、改正社会福祉法の趣旨に反するような制度設計はできないものと考えられます。

第2節　評議員

評議員の要件

評議員になれる人の要件はありますか。また、なれない人はいますか。

評議員は、「社会福祉法人の適正な運営に必要な識見を有する者」の中から選任することになりますが、該当性の判断は各法人で行うことになります。
一方、評議員には欠格事由、兼職禁止、特殊関係者の就任制限がありますので人選にあたり留意する必要があります。

解説
1　改正点
　法改正前の社会福祉法人審査基準では、評議員には地域の代表を加え、家族代表を加えることが望ましいとされていました。しかし、法改正によって、評議員会は議決機関と位置付けられ、理事の選任・解任などの重要な権限が与えられたことなどから、評議員は「社会福祉法人の適正な運営に必要な識見を有する者」のうちから選任することと変更されました（法39条）。

2　社会福祉法人の適正な運営に必要な識見を有する者
　具体的に想定される人材の例としては、次のような者が考えられますが、各法人の実態に即した、適切な人選を行う必要があります。
　また、厚生労働省は、「法人において「社会福祉法人の適正な運営に必要な識見を有する者」として適正な手続により選任されている限り、制限を受けるものではない。」との見解を示していますので、要件該当性の判断は各法人によって行うことになります。

【人材例】
① 社会福祉事業や学校その他の公益事業の経営者
② 社会福祉に関する学識経験者
③ 社会福祉法人に関与したことのある弁護士、公認会計士、税理士
④ 退職後一定期間の経過した社会福祉法人職員ＯＢ

第2章　社会福祉法人の機関と運営

3　評議員になれない者

(1) 欠格事由

次に掲げる者は、評議員になることはできません（法40条1項）。

① 法人
② 成年被後見人又は被保佐人
③ 生活保護法、児童福祉法、老人福祉法、身体障害者福祉法又は社会福祉法の規定に違反して刑に処せられ、その執行を終わり、又は執行を受けることがなくなるまでの者
④ ③に該当する者を除くほか、禁固以上の刑に処せられ、その執行を終わり、又は執行を受けることがなくなるまでの者
⑤ 所轄庁の解散命令により解散を命ぜられた社会福祉法人の解散当時の理事及び監事

(2) 兼職禁止

評議員は、次の職と兼職できないとされていますので、これらの職にある者は評議員になることはできません（法40条2項）。

① 当該法人の理事
② 当該法人の監事
③ 当該法人の職員

また、公認会計士法により、会計監査人が評議員になることはできません（法45条の2第3項）。

(3) 各評議員についての特殊関係者

評議員のうちには、各評議員について、その配偶者又は3親等以内の親族その他各評議員と規則で定める特殊の関係がある者が含まれることになってはならないとされていますので、次の者は評議員になることはできません（法40条4項、規則2条の7）。

① 評議員の配偶者
② 評議員の3親等以内の親族
③ 規則で定める特殊の関係がある者
　ⅰ　当該評議員と婚姻の届出をしていないが事実上婚姻関係と同様の事情にある者
　ⅱ　当該評議員の使用人

13

ⅲ 当該評議員から受ける金銭その他の財産によって生計を維持している者

ⅳ ⅱ及びⅲに掲げる者の配偶者

ⅴ ⅰからⅲに掲げる者の３親等以内の親族であって、これらの者と生計を一にするもの

ⅵ 当該評議員が役員（法人でない団体で代表者又は管理人の定めのあるものにあっては、その代表者又は管理人。以下この号及び次号において同じ。）若しくは業務を執行する社員である他の同一の団体（社会福祉法人を除く。）の役員、業務を執行する社員又は職員（当該評議員及び当該他の同一の団体の役員、業務を執行する社員又は職員である当該社会福祉法人の評議員の合計数の当該社会福祉法人の評議員の総数のうちに占める割合が、３分の１を超える場合に限る。）

ⅶ 他の社会福祉法人の役員又は職員（当該他の社会福祉法人の評議員となっている当該社会福祉法人の評議員、理事及び監事の合計数が、当該他の社会福祉法人の評議員の総数の半数を超える場合に限る。）

ⅷ 次に掲げる団体の職員のうち国会議員又は地方公共団体の議会の議員でない者（当該団体の職員（国会議員又は地方公共団体の議会の議員である者を除く。）である当該社会福祉法人の評議員の総数の当該社会福祉法人の評議員の総数のうちに占める割合が、３分の１を超える場合に限る。）

ア 国の機関

イ 地方公共団体

ウ 独立行政法人通則法（平成11年法律第103号）第２条１項に規定する独立行政法人

エ 国立大学法人法（平成15年法律第112号）第２条１項に規定する国立大学法人又は同条３項に規定する大学共同利用機関法人

オ 地方独立行政法人法（平成15年法律第118号）第２条１項に規定する地方独立行政法人

カ 特殊法人（特別の法律により特別の設立行為をもって設立された法人であって、総務省設置法（平成11年法律第91号）第４条１項９号の規定の適用を受けるものをいう。）又は認可法人（特別の法律により設立され、かつ、その設立に関し行政官庁の認可を要する法人をいう。）

(4)　各理事及び各監事についての特殊関係者

評議員のうちには、各理事及び各監事について、その配偶者又は3親等以内の親族その他各理事及び各監事と規則で定める特殊の関係がある者が含まれることになってはならないとされていますので、次の者は評議員になることはできません（法40条5項、規則2条の8）。

① 　各理事及び各監事の配偶者
② 　各理事及び各監事の3親等以内の親族
③ 　規則で定める特殊の関係がある者
　ⅰ　当該理事及び当該監事と婚姻の届出をしていないが事実上婚姻関係と同様の事情にある者
　ⅱ　当該理事及び当該監事の使用人
　ⅲ　当該理事及び当該監事から受ける金銭その他の財産によって生計を維持している者
　ⅳ　ⅱ及びⅲに掲げる者の配偶者
　ⅴ　ⅰからⅲに掲げる者の3親等以内の親族であって、これらの者と生計を一にするもの
　ⅵ　当該理事及び当該監事が役員（法人でない団体で代表者又は管理人の定めのあるものにあっては、その代表者又は管理人。以下この号及び次号において同じ。）若しくは業務を執行する社員である他の同一の団体（社会福祉法人を除く。）の役員、業務を執行する社員又は職員（当該他の同一の団体の役員、業務を執行する社員又は職員である当該社会福祉法人の評議員の総数の当該社会福祉法人の評議員の総数のうちに占める割合が、3分の1を超える場合に限る。）
　ⅶ　他の社会福祉法人の理事、監事又は職員（当該他の社会福祉法人の評議員となっている当該社会福祉法人の評議員及び役員の合計数が、当該他の社会福祉法人の評議員の総数の半数を超える場合に限る。）

評議員の定数

 評議員の定数は何人でしょうか。

 評議員の数は、各法人で定めることになりますが、定款で定めた理事の員数を超える数である必要があります。
　ただし、平成29年4月1日に現に存する法人であって、平成27年度決算において、収益4億円を超えない法人及び平成28年4月1日から平成29年3月31日までに設立された法人については、平成29年4月1日から起算して3年を経過する日までの間は、評議員の数は4人以上であればよいとされています。

解説
1　原則
　評議員の定数については、各法人で定めることになりますが、定款で定めた理事の員数を超える数でなければなりません（法40条3項）。
　理事は6人以上とされていますので（法44条3項）、最小限の員数とする場合には、理事6人、評議員7人となります。

2　経過措置による特例
　経過措置として、次のいずれかの法人については、平成29年4月1日から起算して3年を経過する日までの間は、評議員の数は4人以上であればよいとされています（附則10条、整備令4条）。
　① 　平成29年4月1日に現に存する法人であって、平成27年度決算において、平成27年度会計年度に係る経常的な収益の額として整備規則で定めるところにより計算した額（法人全体の事業活動計算書のサービス活動収益計の項目に計上した額）が4億円を超えない法人
　② 　平成28年4月1日から平成29年3月31日までに設立された法人
　そのため、上記法人については、平成32年3月31日までは4人以上であれば足りますが、同年4月1日以降は、原則に戻って、定款で定めた理事の数を超える数にする必要があります。
　なお、経過措置の対象となるのは、平成27年度の収益が4億円以内の法人に限られますので、例えば、平成27年度の収益が4億円を超えていた法人は、平成28年度に収益4億円以内になったとしても、該当しませんのでご注意ください。

評議員の選任方法

評議員の選任はどのように行えばよいのでしょうか。

評議員は、定款の定める方法によって選任することになります。具体的な選任方法としては、評議員選任・解任委員会を設置して、同委員会で選任することが考えられます。

解説
1 選任方法
　評議員は、定款の定めるところにより選任することになります（法39条）。
　選任方法について、厚生労働省は「外部委員が参加する機関を設置し、この機関の決定に従って行う方法等が考えられる。」としており、公表された定款例では、評議員選任・解任委員会を設置し、同委員会で選任を行うものとされています。
　選任方法は、理事又は理事会が評議員を選任する旨の定款の定めは効力を有しないとされています（法31条5項）が、それ以外の方法について法律上の制限はありません。したがって、必ず同委員会を設置しなくてはならないわけではありませんが、この方法を採用する法人が多くなるものと考えられます。

2 選任・解任に係る議題又は議案の提案者
　評議員の選任・解任は同委員会で行うとして、議題又は議案は誰が提案することになるのかが問題となります。
　この点について、ＦＡＱでは、「評議員の選任又は解任に係る議題又は議案の提案は、理事が行うことが考えられる。その場合、恣意的な評議員の選任又は解任を防止する観点から、理事会の決定を必要とすることが適当である。」とされています。
　理事又は理事会が評議員を選任し、又は解任する旨の定款の定めが無効であるとされている（法31条5項）ことからすると、評議員の選任・解任の議題又は議案を理事会決議の上、理事が提案することについては疑問がないわけではありませんが、少なくとも当面はこの様な運用とせざるを得ないように思われます。

評議員選任・解任委員会の人数と構成

評議員選任・解任委員会の委員数や構成はどのようにすればよいでしょうか。

委員数や構成について法律上の制限はありませんので、各法人の実情にあわせて、定款例などを参考にしながら決定することになります。

解説

1 委員数

評議員選任・解任委員会は、法律上の機関ではありませんので、人数について法律上の制限はありません。

しかし、ＦＡＱによれば、「合議体の機関であることから、3名以上とすることが適当である。」とされていますので、3名以上の任意の人数とすることが無難であると思われます。

2 構成

同委員会の委員構成については、法律上の制限はありません。しかし、理事又は理事会が評議員を選任する定款の定めは効力を有しないとされています（法31条5項）ので、理事が同委員会の委員になることは認められないと考えられます。

定款例では、同委員会は次のような構成となっています。
① 監事
② 事務局員（法人の職員（介護職員等を含む。）がなることも可能）
③ 外部委員

一方、ＦＡＱでは、同委員会が「監事・事務局員を委員としないことは可能であるが、評議員選任・解任委員会が法人関係者でない中立的な立場にある外部の者が参加する機関であることから、少なくとも外部委員1名を委員とすることが適当である。」とされています。

また、ＦＡＱでは、評議員が同委員会の委員になることは、「自分を選任・解任することになるため、適当ではない。」とされています。

評議員選任・解任委員会の運営

評議員選任・解任委員会の運営はどのようにすればよいのでしょうか。

運営方法について法律上の定めはありませんので、ＦＡＱなどを参考に、各法人で決定することになります。

解説
1　委員の選任方法
　評議員選任・解任委員会は、法律上の機関ではないため、委員の選任方法について法律上の制限はなく、各法人で決定することができます。

　この点について、ＦＡＱでは、同委員会の委員は「法人運営の状況を把握し、業務執行に関し責任を負う理事会において選任する方法が考えられる。」としていますので、この方法を参考にして各法人で決定することになります。

2　委員の任期
　委員の任期の有無や期間については、法律上の制約はなく、各法人で決定することができます。

　しかし、この点について、ＦＡＱでは、同委員会は「評議員が欠けた場合等に迅速に対応できるよう常時設置することが適当であ」り、「理事や評議員の任期を参考に委員の任期を設けることが適当である。」とされています。

　そのため、同委員会を常設機関とし、理事や評議員の任期を参考に委員の任期を定める運用が無難であるといえます。

3　委員会の招集
　同委員会の招集権者や招集方法についても、法律上の制約はなく、各法人で決定することができます。

　この点については、ＦＡＱにおいて、同委員会の「招集は、法人運営の状況を把握し、業務執行に関し責任を負う理事会において決定し、理事が行うことが適当である。」とされています。

　評議員の選任・解任を決議する必要性やタイミング等は、法人運営の状況を把握している理事会が適切に判断できると考えられますので、ＦＡＱの言うとお

り、理事会決議を経て、理事が招集する方法が妥当であると考えられます。

なお、各委員に招集請求権を付与することなども検討に値するでしょう。

4　理事の出席の可否

ＦＡＱでは「評議員選任候補者等の提案は理事会の決定に従い、理事が行うことが通常と考えられることから、その提案の説明・質疑対応のために理事が出席することは可能である。」とされています。

理事又は理事会が評議員を選任する旨の定款の定めは無効（法31条5項）とする法の趣旨から、理事が同委員会の議決に加わることは認められず、議事に影響を及ぼすことは適当ではありませんので、運営上注意する必要があります。

5　議事録作成の要否

評議員会や理事会と異なり、法律上は議事録を作成する義務はありません。

しかし、ＦＡＱでは「適正な手続により評議員の選任・解任を行ったことについて説明責任を果たすことができるよう、議事録を作成することが適当である。その際、出席委員又は委員長を置く場合には委員長の署名又は押印がされていることが適当である。」とされています。

更に、作成した議事録は、「評議員会や理事会の議事録と同様に、10年間保存しておくことが適当である。」とされています。

6　委員報酬

同委員会の委員に報酬を支払うことは可能とされています。ただし、その際には、法人の経理状況その他の事情を考慮して、不当に高額なものにならないようにする必要があります。

法改正後初の評議員選任

①法改正に対応した評議員選任はいつまでに行えばよいのでしょうか。
②従前の評議員の任期はいつまでになるのでしょうか。
③新任の評議員の任期はいつからいつまでになるのでしょうか。

① 法改正に対応した評議員の選任は、平成29年3月31日までに行う必要があります。
② 従前の評議員の任期は、平成29年3月31日までになります。
③ 新任の評議員の任期は、平成29年4月1日から平成33年（定款で伸長することができます。）に行われる定時評議員会終結の時までになります。

解説
①について

平成29年4月1日までに設立された法人は、同日までに、あらかじめ法39条の規定の例により、評議員を選任しておかなければなりません（附則9条）ので、評議員の選任は、平成29年3月31日までに行う必要があります。

なお、法39条では、評議員は「定款の定めるところにより、選任する。」とされているため、評議員の選任に先立って定款変更を行っておく必要があります。

したがって、法改正に対応した評議員の選任は、平成29年3月31日までに行えばよいのですが、それに先立って定款変更をしておく必要がありますので注意が必要です。

②について

平成29年3月31日において評議員である者の任期は、同日に満了するとされています（附則9条3項）。

そのため、従前の評議員は、その任期にかかわらず、同日に任期満了となります。

③について

1 通常の評議員の任期満了日

評議員の任期は、選任後4年（定款で6年まで伸長することができます。）

以内に終了する会計年度のうち最終のものに関する定時評議員会の終結の時までとなります（法41条1項）。

　例えば、平成35年5月に選任された評議員は、平成39年に行われる定時評議員会の終結の時に任期が満了することになります。

2　改正後初めて選任された評議員の任期満了日
　これに対して、改正後初めて選任された評議員については、平成29年4月1日以後4年（定款で6年まで伸長することができます。）以内に終了する会計年度のうち最終のものに関する定時評議員会の終結の時までとなります（附則9条2項）。
　そのため、その選任時期にかかわらず（平成28年12月であろうが平成29年3月であろうが）、平成33年に行われる定時評議員会の終結の時に任期が満了することになります。

第2章　社会福祉法人の機関と運営

評議員の補欠選任

評議員の補欠を選任することはできますか。

定款で定めることによって、任期満了前に退任した評議員の補欠をあらかじめ選任しておくことができます。

解説
1　補欠評議員選任に関する定款の定め
　法41条2項では「定款によって、任期の満了前に退任した評議員の補欠として選任された評議員」に関する任期が規定されていますので、法は補欠の評議員をあらかじめ選任できることを前提としています。
　定款の定めについては、定款例では「任期の満了前に退任した評議員の補欠として選任された評議員の任期は、退任した評議員の任期の満了する時までとすることができる。」とされており、補欠評議員を選任できることを前提に、任期の定めのみ置いています。しかし、「評議員に関する事項」は定款の必要的記載事項であるところ、補欠を選任できるとすることは「評議員に関する事項」に含まれると解される可能性があるため、補欠評議員の任期に関する規定のみならず、補欠を選任することができる旨も定款で定めたほうが疑義が生じないように思われます。
　この点について、内閣府が公表している公益法人の「移行認定のための「定款の変更の案」作成の案内」では、次のような定款例が示されていますので、参考とすることができます。

（評議員の選任及び解任）
7　評議員選定委員会は、前条で定める評議員の定数を欠くことになるときに備えて、補欠の評議員を選任することができる。

2　補欠評議員選任にかかる決議事項
　評議員の補欠選任決議の内容について、法は特段の定めを置いていません。
　一方、理事及び監事の補欠選任については、規則で以下の事項をあわせて決定しなければならないとされています（法43条2項、規則2条の9）。

23

> 規則2条の9第2項
> （補欠の役員の選任）
>   法第43条第2項の規定により補欠の役員を選任する場合には、次に掲げる事項も併せて決定しなければならない。
>   1　当該候補者が補欠の役員である旨
>   2　当該候補者を1人又は2人以上の特定の役員の補欠の役員として選任するときは、その旨及び当該特定の役員の氏名
>   3　同一の役員（2人以上の役員の補欠として選任した場合にあっては、当該2人以上の役員）につき2人以上の補欠の役員を選任するときは、当該補欠の役員相互間の優先順位
>   4　補欠の役員について、就任前にその選任の取消しを行う場合があるときは、その旨及び取消しを行うための手続

　これらの規定の有無を比較すると、補欠評議員の選任決議について法はあえて規定していないため、同条記載の事項について決定しなくとも法令違反にはならないと解されますが、これらの事項は補欠を選任するに当たっては決定しておくべき事項と考えられますので、補欠評議員の選任決議の際にもあわせて決定しておくほうが無難であるといえます。

3　補欠評議員の任期
(1)　原則

　補欠の評議員も、原則は、通常の評議員と同様に選任後4年（定款で6年まで伸長可能）以内に終了する会計年度のうち最終のものに関する定時評議員会の終結の時までとなります。

(2)　定款による任期の変更

　上記の原則による場合、補欠評議員とその他の評議員で任期にずれが生じてしまい、その後の改選に伴う選任時期もずれてしまうことがあり、選任手続が煩雑となってしまいます。

　そこで、法は、定款によって「任期の満了前に退任した評議員の補欠として選任された評議員の任期を退任した評議員の任期の満了する時までとすることを妨げない。」としています（法41条2項）。

　定款例では「任期の満了前に退任した評議員の補欠として選任された評議

員の任期は、退任した評議員の任期の満了する時までとすることができる。」とされています。

評議員の欠員時の対応

評議員の員数が法又は定款で定めた数を下回った場合には、どのようになるのでしょうか。

欠員が生じた事由によって異なりますので注意が必要です。

解説
1 総説
　評議員の員数は、定款で定めた理事の員数を超える数でなければならない（経過措置があることはＱ６参照）とされていますが（法40条３項）、評議員の辞任などで、評議員の員数が当該規定に定める数を下回り、欠員が出てしまうことがあります。
　この場合には、欠員が生じた事由ごとに対応が異なりますので、注意が必要です。

2 任期満了又は辞任による欠員の場合
　評議員の任期満了又は辞任によって欠員が生じた場合には、任期満了又は辞任によって退任した評議員は、新たに選任された評議員（４記載の一時評議員を含みます。）が就任するまで、評議員としての権利義務を有することになります（法42条１項）。
　評議員としての権利義務を有するとは、すなわち評議員としての地位に留任することであり、評議員に認められている評議員会での議決権行使等の権利の全てが認められる一方、任務懈怠による損害賠償責任（法45条の20、21）も引き続き負うことになります。
　なお、任期満了又は辞任によって評議員の一部が欠けたが、法及び定款で定めた評議員の員数を欠くにいたっていない場合（例えば、定款で８名以上としてあり、９名を評議員に選任した場合で、１名が辞任したような場合）には、引き続き評議員としての権利義務を有することにはなりません。
　この規定は、新しい評議員の選任には多少なりとも時間がかかるため、その間、法人として評議員不在としないための暫定的な措置と考えるべきであり、欠

員が生じた場合には遅滞なく新しい評議員を選任すべきといえます。

3　死亡又は解任による欠員

死亡又は解任によって、法又は定款で定めた評議員の員数を欠くにいたった場合には、上記のような規定はなく、欠員状態となってしまいます。

そのため、法人としては、遅滞なく新しい評議員を選任する必要があります。

4　一時評議員の選任

法又は定款で定めた評議員の員数が欠けた場合において、事務が遅滞することにより損害が生ずるおそれがあるときは、所轄庁は、利害関係人の請求により又は職権で、一時評議員の職務を行うべき者（以下「一時評議員」といいます。）を選任することができます（法42条2項）。

一時評議員は、後任の評議員が選任されるまでの間は、本来の評議員と同一の権利と義務を有するものと解されます。

なお、当該規定は任期満了又は辞任による欠員の場合にも適用がありますが、これは状況によっては退任した評議員が病気、他の評議員との対立等の事情があるなど、事実上、評議員に留任することが困難な場合があるためと考えられます。

評議員の権限

評議員にはどのような権限があるのでしょうか。

各評議員には、評議員会の議題・議案提案権や理事の行為差止請求権などの権限が認められています。

解説

1 総説

評議員には、評議員会での決議とは別に、各評議員が1名で行使できる権限として以下のものが認められています。

2 評議員の権限

(1) 議題提案権

評議員は、理事に対して、一定の事項を評議員会の議題とすることを請求することができます（法45条の8第4項、一般法人法184条）。例えば、「理事1名選任の件」などが議題となります。

ただし、当該請求は、評議員会の日の4週間（定款で短縮することができます。）前までに行う必要があります。

これは、評議員会は、招集通知に掲げられた議題以外の事項について決議することができない（法45条の9第9項）ため、評議員会の日の1週間（定款で短縮することができます。）前までに発出する招集通知に記載できるようにする必要があるためと考えられています。

(2) 議案提案権

評議員は、評議員会の場において、議題の範囲内で議案を提案することができます（法45条の8第4項、一般法人法185条）。

理事選任の例であれば、招集通知に「理事1名選任の件」という議題及び「Aを理事として選任する。」という議案が記載されていた場合、評議員は評議員会において、「Bを理事として選任する。」という議案を提出することができます。

ただし、次の場合には議案を提出することはできません（一般法人法185

条ただし書き）ので注意が必要です。
① 当該議案が法令又は定款に違反する場合
② 実質的に同一の議案につき評議員会において議決に加わることができる評議員の10分の1（これを下回る割合を定款で定めた場合にあっては、その割合）以上の賛成を得られなかった日から3年を経過していない場合

(3) 評議員会招集請求権・評議員会招集権
　評議員会の招集権限は、原則として理事にありますが（法45条の9第3項）、評議員は、理事に対し、議題及び招集の理由を示して、評議員会の招集を請求することができます（同条4項）。
　そして、当該請求の後、次のいずれかに該当する場合には、所轄庁の許可を得て、当該請求をした評議員は、評議員会を招集することができます（同条5項）。
① 当該請求の後遅滞なく招集の手続が行われない場合
② 当該請求があった日から6週間（定款で短縮可能です。）以内の日を評議員会の日とする評議員会の招集の通知が発せられない場合
　②の場合とは、例えば4月1日に当該請求を行ったにもかかわらず、その日よりも6週間以上先の8月1日を評議員会の日とする招集通知が発せられたような場合をさします。

(4) 理事の行為差止請求権
　評議員は、次の要件を満たす場合、理事に対し、記載の行為をやめることを請求することができます（法45条の16第4項、一般法人法88条1項）。当該請求は、訴えによる必要はなく、対象となる理事に対して直接、差止を求めることができます。
① 次のいずれかの行為をし、又は行為をするおそれがある
　ⅰ　法人の目的の範囲外の行為
　ⅱ　法令又は定款に違反する行為
② ①の行為によって法人に回復することができない損害が生ずるおそれがある

(5) 理事又は監事の解任請求提訴権
　評議員は、次の要件を満たす場合、訴えをもって理事又は監事の解任を請

求することができます（法45条の4第3項、一般法人法284条2号）。
① 理事又は監事の職務の執行に関し、次のいずれかが認められること
　ⅰ 不正の行為
　ⅱ 法令又は定款に違反する重大な事実
② ①が認められるにもかかわらず、当該理事又は監事を解任する旨の議案が評議員会で否決されたこと
③ ②の評議員会の日から30日以内であること

(6) 評議員会決議取消提訴権
　次のいずれかの要件を満たす場合、評議員は、評議員会の決議の日から3か月以内に、訴えをもって当該決議の取消を請求することができます（法45条の12、一般法人法266条1項）。
① 評議員会の招集の手続が、法令又は定款に違反しているとき
② 評議員会の招集の手続が、著しく不公正なとき
③ 評議員会の決議の方法が、法令又は定款に違反しているとき
④ 評議員会の決議の方法が、著しく不公正なとき
⑤ 評議員会の決議の内容が、定款に違反するとき

(7) 会計帳簿閲覧・謄写請求権
　評議員は、法人の業務時間内は、いつでも、次に掲げる請求をすることができます（法45条の25）。
① 会計帳簿又はこれに関する資料が書面をもって作成されているときは、当該書面の閲覧又は謄写の請求（同条1号）
② 会計帳簿又はこれに関する資料が電磁的記録をもって作成されているときは、当該電磁的記録に記録された事項を紙面又は映像面に表示する方法により表示したものの閲覧又は謄写の請求（同条2号、規則2条の3第7号）

(8) 計算書類等閲覧・交付請求権
　評議員は、法人の業務時間内は、いつでも、次に掲げる請求をすることができます（法45条の32第3項）。
① 計算書類等が書面をもって作成されているときは、当該書面又は当該書面の写しの閲覧の請求（同項1号）

② ①の書面の謄本又は抄本の交付の請求（同項2号）
③ 計算書類等が電磁的記録をもって作成されているときは、当該電磁的記録に記録された事項を紙面又は映像面に表示する方法により表示したものの閲覧の請求（同項3号、規則2条の3第8号）
④ ③の電磁的記録に記録された事項を電磁的方法であって法人の定めたものにより提供することの請求又はその事項を記載した書面の交付の請求（同項4号）

評議員の報酬

 評議員の報酬はどのようにして決定すればよいのでしょうか。

 評議員の報酬等の額は、定款で定める必要があります。
また、支給の基準を作成し、評議員会の承認を受けた上で、公表しなくてはなりません。

解説

1 「報酬等」とは

評議員の「報酬等」には、次のものが含まれると考えられます（法45条の34第1項3号参照）。

① 報酬
② 賞与
③ 職務遂行の対価として受ける財産上の利益
④ 職務遂行の対価として受ける退職手当

2 定款の定め

評議員の報酬等の額は、定款で定める必要があります（法45条の8第4項、一般法人法196条）。ここでいう「額」とは、評議員個人ごとの報酬額である必要はなく、全評議員に対する報酬総額で足りると解されます。

また、無報酬とする場合にあっても、その旨を定款で定める必要があります。

定款例では次のような規定となっていますので、参考とすることができます。

【定款例】
（評議員の報酬等）

評議員に対して、各年度の総額が〇〇〇〇〇〇円を超えない範囲で、評議員会において別に定める報酬等の支給の基準に従って算定した額を、報酬として支給することができる。

3　支給基準の作成と承認

　法人は規則で定めるところにより、次の要素を考慮して、不当に高額なものとならないような支給の基準を定め（法45条の35第1項）、評議員会の承認を受ける必要があります（同条2項）。
① 　民間事業者の役員の報酬等
② 　民間事業者の従業員の給与
③ 　法人の経理の状況
④ 　その他の事情

4　支給基準の内容

　規則によれば、支給基準においては次の①ないし④の事項を定めるものとされています（規則2条の42）。
① 　評議員の勤務形態に応じた報酬等の区分
　　具体的には、常勤・非常勤別に報酬を定めることになります。
② 　報酬等の金額の算定方法
　　i 　報酬等の算定の基礎となる額、役職、在職年数など、どのような過程を経てその額が算定されたか、法人として説明責任を果たすことができる基準を設定する必要があります。
　　ii 　評議員会が役職に応じた1人当たりの上限額を定めた上で、各評議員の具体的な報酬金額については評議員会が決定するといった規定は許容されます。
　　iii 　評議員会の決議によって定められた総額の範囲内において決定するという規定や、単に職員給与規程に定める職員の支給基準に準じて支給するというだけの規定は、どのような算定過程から具体的な報酬額が決定されるのかを第三者が理解することは困難であり、法人として説明責任を果たすことができないため、認められていません。
　　iv 　退職慰労金については、退職時の月例報酬に在職年数に応じた支給率を乗じて算出した額を上限に評議員会が決定するという方法も許容されます。
③ 　支給の方法
　　支給の時期として、毎月なのか出席の都度なのか、各月又は各年のいつ頃かなどを規定します。
　　支給の手段として、銀行振込か現金支給かなどを規定します。

④　支給の形態

　　支給の形態とは、現金・現物の別等をいいます。ただし、「現金」「通貨」といった明示的な記載がなくとも、報酬額につき金額の記載しかないなど金銭支給であることが客観的に明らかな場合は、「現金」等の記載は必要ありません。

5　支給基準の備え置き、閲覧、公表

(1)　備え置き

　　毎会計年度終了後3月以内に、規則で定めるところにより、報酬等の支給の基準を記載した書類（電磁的記録でも可能です。）を作成し、当該書類を5年間その主たる事務所に、その写しを3年間その従たる事務所に備え置かなければなりません（法45条の34第1項3号）。

　　ただし、当該書類が電磁的記録をもって作成されている場合であって、規則で定める措置※をとっている法人については、5年間主たる事務所に備え置くだけでよいとされています（同条5項）。

※規則で定める措置（規則2条の5第4号）

　　法人の使用に係る電子計算機を電気通信回線で接続した電子情報処理組織を使用する方法であって、当該電子計算機に備えられたファイルに記録された情報の内容を電気通信回線を通じて社会福祉法人の従たる事務所において使用される電子計算機に備えられたファイルに当該情報を記録するものによる措置

(2)　閲覧

　　何人も、法人の営業時間内は、いつでも、報酬等の支給基準を記載した書類について、次の請求をすることができます（法45条の34第3項）。
　①　報酬等の支給基準が書面をもって作成されているときは、当該書面又は当該書面の写しの閲覧の請求（同項1号）
　②　報酬等の支給基準が電磁的記録をもって作成されているときは、当該電磁的記録に記録された事項を紙面又は映像面に表示する方法により表示したものの閲覧の請求（同項2号、規則2条の3第10号）

(3)　公表

報酬等の支給基準について、評議員会の承認を受けたときは、当該承認を受けた報酬等の支給基準を、インターネットの利用により公表しなければなりません（法59条の2第1項2号、規則10条1項）。

評議員の損害賠償責任

評議員に対して損害賠償請求がされる可能性があると聞きましたが、どのような場合に評議員は損害賠償責任を負うのでしょうか。

法人に対しては、評議員がその任務を怠ったことにより法人に損害が生じたときに、損害賠償責任を負います。

　法人以外の第三者に対しては、職務を行うについて悪意又は重大な過失があったことにより第三者に損害が生じたときに、損害賠償責任を負います。

解説
1　法人に対する責任
　評議員は、その任務を怠ったときは、法人に対し、これによって生じた損害を賠償する責任を負います（法45条の20第1項）。

　当該責任は、総評議員の同意によって免除することができます（法45条の20第4項、一般法人法120条）。

2　法人以外の第三者に対する責任
　評議員がその職務を行うについて悪意又は重大な過失があったときは、当該評議員は、これによって第三者に生じた損害を賠償する責任を負います（法45条の21第1項）。

3　連帯責任
　評議員が法人又は第三者に生じた損害を賠償する責任を負う場合において、他の理事、監事、会計監査人又は評議員も当該損害を賠償する責任を負うときは、これらの者は、連帯債務者になります（法45条の22）。

第2章 社会福祉法人の機関と運営

第3節　評議員会

評議員会の位置付け

従前から評議員会を設置している法人は、評議員及び評議員会に関して法改正への対応は不要ということでよいでしょうか。

法改正によって、評議員会は諮問機関から議決機関へと変更され、役員の選任などの重要な事項について決議することになりました。
このように、評議員及び評議員会の役割や権限等が変更されていますので、改正法に対応した評議員構成にする必要があります。
また、評議員会の招集、決議事項、議事録記載事項などが法で規定されましたので、法の要件を満たした運営をする必要があります。

解説

　法改正前においても、社会福祉法人審査基準に則り、評議員会を設置している法人も多いかと思います。従前の評議員会は、諮問機関として位置付けられており、評議員には地域の代表を加え、利用者の家族の代表を加えることが望ましいとされていました。

　これに対して、改正後の評議員会は議決機関と位置付けられています。決議事項は法令に規定する事項及び定款で定めた事項に限られますが、法定決議事項には、役員の選・解任などの重要な事項が定められています。

　また、各評議員には、理事の違法行為差止請求権など、法人のガバナンス上重要な権限が与えられています。

　このように、法改正前と改正後では、評議員及び評議員会の役割や権限等が大きく変わっています。そのため、求められる人材像についても、地域の代表や利用者の家族の代表から「社会福祉法人の適正な運営に必要な識見を有する者」（例えば、社会福祉に関する学識経験者、社会福祉法人に関与したことのある弁護士など）に修正されています。

　そのため、従前から評議員及び評議員会を設置していた法人についても、その構成が改正社会福祉法の求める人材像に対応しているかを確認し、必要であれば構成の見直しをしなくてはいけません。

また、改正社会福祉法では評議員の法人及び第三者に対する損害賠償責任が規定されましたので、就任依頼をする際には、そのリスクについても十分に説明する必要があります。
　更に評議員会の招集、決議事項、議事録記載事項などが法で規定されましたので、法の要件を満たした運営をする必要があります。

第2章 社会福祉法人の機関と運営

評議員会の決議・承認事項

評議員会で決議しなくてはならない事項には何があるのでしょうか。全ての決議事項が出席評議員の過半数による決議でよいのでしょうか。

評議員会での決議・承認事項（以下「決議事項」といいます。）は、法令に規定する事項及び定款で定めた事項になります。

決議事項の中には、出席評議員の過半数の決議で足りる普通決議の他、3分の2以上での決議が必要となる特別決議、総評議員の同意が必要な決議事項がありますので、決議する際には、どれに該当するか確認する必要があります。

解説

1 総論

評議員会は、次の事項に限り、決議をすることができます（法45条の8第2項）。

① 法に規定する事項
② 定款で定めた事項

①の法に規定する事項については、理事、理事会その他の評議員会以外の機関が決定することができることを内容とする定款の定めは無効となります（同条3項）ので、必ず評議員会で決議しなくてはなりません。

2 決議の種類

(1) 普通決議

次の決議事項については、議決に加わることができる評議員の過半数が出席し（定足数）、その過半数をもって行うことになります（法45条の9第6項）。なお、定足数及び議決要件ともに、定款でこれを上回る割合以上とすることができます。

① 理事、監事及び会計監査人の選任（法43条1項）
② 理事及び監事の補欠の選任（法43条2項）
③ 理事の解任（法45条の4第1項）
④ 会計監査人の解任（法45条の4第2項）

⑤　理事、監事又は会計監査人の責任の一部免除後に退職慰労金その他の規則で定める財産上の利益を与えることの承認（法45条の20第4項、一般法人法113条4項、規則2条の24）

⑥　理事、監事又は会計監査人の定款の定めによる理事会の決議での責任の一部免除後に退職慰労金その他の省令で定める財産上の利益を与えることの承認（法45条の20第4項、一般法人法114条5項、規則2条の24）

⑦　理事、監事又は会計監査人責任限定契約による責任の一部免除後に退職慰労金その他の省令で定める財産上の利益を与えることの承認（法45条の20第4項、一般法人法115条5項、規則2条の24）

⑧　計算書類（貸借対照表及び収支計算書）の承認（法45条の30第2項）

⑨　理事、監事及び評議員に対する報酬等の支給の基準の承認及びその変更の承認（法45条の35第2項）

⑩　理事及び監事の報酬等の額決定（法45条の16第4項、一般法人法89条、法45条の18第3項、一般法人法105条）

⑪　社会福祉充実計画の承認及びその変更の承認（法55条の2第7項、55条の3第3項）

⑫　清算人の選任（法46条の6第1項3号）

⑬　清算人の解任（法46条の7第1項）

⑭　清算法人の財産目録及び貸借対照表の承認（法46条の22第3項）

⑮　監事設置清算法人又は清算人会設置法人の貸借対照表の承認（法46条の27第2項）

(2)　特別決議

次の決議事項については、議決に加わることができる評議員の3分の2以上に当たる多数をもって行うことになります（法45条の9第7項各号）。なお、この決議要件についても、定款でこれを上回る割合以上とすることができます。

①　監事の解任（法45条の4第1項）

②　理事、監事又は会計監査人の責任の一部免除（法45条の20第4項、一般法人法113条1項）

③　定款変更（法45条の36第1項）

④　解散（法46条1項1号）

⑤　吸収合併契約、新設合併契約の承認（法52条、54条の2第1項、54条の

8）

(3) 総評議員の同意

次の決議事項については、総評議員の同意が必要となります。

① 理事、監事、会計監査人又は評議員がその任務を怠ったときに、法人に対し、これによって生じた損害を賠償する責任の免除（法45条の20第4項、一般法人法112条）

② 清算人がその任務を怠ったときに清算法人に対し、これによって生じた損害を賠償する責任の免除（法46条の14第4項、一般法人法112条）

(4) 総評議員の10分の1の異議による理事会決議の不承認

定款の定めに基づく理事会の決議による理事、監事又は会計監査人の損害を賠償する責任の一部免除（法45条の20第4項、一般法人法114条4項）については、総評議員の10分の1（これを下回る割合を定款で定めた場合にあっては、その割合）以上の評議員が異議を述べたときは責任の免除をしてはなりません。

定時評議員会の開催時期

定時評議員会はいつまでに開催しなくてはならないのでしょうか。

定時評議員会は、遅くとも6月中には開催する必要があります。

解説

　法は、定時評議員会の招集については、「毎会計年度の終了後一定の時期に招集しなければならない。」と定めている（法45条の9第1項）だけで、具体的にいつまでに開催しなくてはならない旨の規定はありません。

　しかし、毎会計年度終了後3月以内に、規則で定めるところにより、計算書類等及び財産目録等を所轄庁に届け出なくてはならないところ（法59条）、当該計算書類は定時評議員会の承認を受けなければなりません（法45条の30第2項）。

　会計年度は3月31日に終了するため（法45条の23第2項）、会計年度終了後3月以内に計算書類を所轄庁に届け出るためには、遅くとも6月中には定時評議員会を開催する必要があります。

評議員会の開催手続

評議員会を開催するにはどのような手続を行えばよいのでしょうか。

原則として、理事会で評議員会の招集決定を行い、その決定に従って招集通知を発する方法で開催します。

その他に、評議員による招集及び評議員全員の同意によって招集手続を省略して開催する方法もあります。

招集通知を発する場合には、評議員会の日の1週間（これを下回る期間を定款で定めた場合にあっては、その期間）前までに、評議員に対して、招集通知を発する必要がありますので注意が必要です。

解説

評議員会を開催する方法は次のとおりです。

1　理事会による招集

原則として、評議員会は、理事が招集することによって開催することになります（法45条の9第3項）。そして、理事が評議員会を招集するためには、理事会で、次の事項を決定する必要があります（法45条の9第10項、一般法人法181条1項、規則2条の12）。

① 評議員会の日時及び場所
② 評議員会の目的である事項があるときは、当該事項
③ 評議員会の目的である事項に係る議案（当該目的である事項が議案となるものは除く。）の概要（議案が確定していない場合にあっては、その旨）

上記の理事会決議に基づいて評議員に招集通知を発する場合、評議員会の日の1週間（これを下回る期間を定款で定めた場合にあっては、その期間）前までに評議員に対して、招集通知を発する必要があります（法45条の9第10項、一般法人法182条1項）。

1週間前とは、招集通知を発する日と評議員会の日との間に中1週間をとる必要がありますので、例えば5月28日に評議員会を開催する場合には、5月20日までに招集通知を発する必要があります。

なお、1週間前までに行わなくてはならないのは、招集通知を発することであ

り、到達していることまでは求められていませんので、ご注意ください。
　また、招集通知は、書面又は政令で定めるところにより評議員の承諾を得て規則２条の４に定める電磁的方法によって行う必要があります（法45条の９第10項、一般法人法182条１項、２項、令13条の６、規則２条の13）。

2　評議員による招集

　評議員は、理事に対し、評議員会の目的である事項及び招集の理由を示して、評議員会の招集を請求することができます（法45条の９第４項）。
　招集請求をした後、次の要件のいずれかを満たす場合には、評議員は所轄庁の許可を得て、評議員会を招集することができます（法45条の９第５項）。
① 　招集請求の後、遅滞なく招集の手続が行われない場合
② 　招集請求があった日から６週間（これを下回る期間を定款で定めた場合にあっては、その期間）以内の日を評議員会の日とする評議員会の招集の通知が発せられない場合

　招集する評議員は、評議員会の日の１週間（これを下回る期間を定款で定めた場合にあっては、その期間）前までに招集通知を発する必要があります（法45条の９第10項、一般法人法182条）。

3　評議員全員の同意

　評議員会は、評議員の全員の同意があるときは、招集の手続を経ることなく開催することができます（法45条の９第10項、一般法人法183条）。
　上記１及び２の方法による場合には、評議員会開催の１週間（これを下回る期間を定款で定めた場合にあっては、その期間）前までに招集通知を発する必要がありますが、評議員全員の同意による場合にはそのような期間制限はありませんので、この方法であれば、緊急に評議員会を開催することも可能となります。

評議員会決議の省略

 評議員会の決議を省略できますか。
決議を省略する場合、決議内容に制限はありますか。

 評議員会の決議を省略することはできます。
決議を省略する場合であっても、決議内容に特段の制限はありません。

解説

1　決議省略の要件

　評議員は、書面又は電磁的方法による議決権の行使、代理人による議決権の行使及び持ち回りによる議決権の行使をすることができません。
　一方、次の要件を満たす場合には、決議を省略することができます（法45条の9第10項、一般法人法194条1項）。
① 　理事が評議員会の目的事項について提案したこと
② 　当該提案について議決に加わることができる評議員の全員が書面又は電磁的記録により同意の意思表示をしたこと
　これらの要件を満たす場合には、提案を可決する旨の評議員会の決議があったものとみなされます。

2　議事録記載事項

　決議を省略しても議事録の作成義務があることに変わりはありません。ただし、通常の決議と異なり議事録に次の事項を記載する必要がありますので、作成の際には御留意ください（法45条の11第1項、規則2条の15第4項1号）。
① 　決議があったものとみなされた事項の内容
② 　①の事項の提案をした者の氏名
③ 　評議員会の決議があったものとみなされた日※1
④ 　議事録の作成に係る職務を行った者の氏名
　※1　全ての評議員の同意の意思表示が法人に到達した日になります。

3　決議内容の制限

　決議を省略する場合であっても、決議内容に特段の制限はありません。

評議員会招集通知の記載事項

評議員会の招集通知には何を記載する必要があるのでしょうか。

法定の記載事項として、解説①〜③があるほか、一般的には④〜⑧を記載します。

解説

　評議員会の招集通知には、法で①から③の事項の記載が求められています（法45条の9第10項、一般法人法182条3項）。その他にも、④から⑧の事項を記載するのが一般的な取扱であると思われます。
① 評議員会の日時及び場所
　　開催日は、元号表示で曜日を付して記載するのが一般的と思われますが、西暦表示であっても問題ありません。
　　場所については、評議員が会場の所在を知り得る程度に、住所、建物の名称及び会場の名所などを具体的に記載することが必要となります。また、前回の評議員会から開催場所を変更した場合には、変更した旨を記載をするとよいでしょう。
② 評議員会の目的である事項があるときは、当該事項
　　目的である事項とは、報告事項と決議事項をいいますので、一般的には「報告事項」と「決議事項」に分けて記載する方法がとられています。
③ 評議員会の目的である事項に係る議案（当該目的である事項が議案となるものを除く。）の概要（議案が確定していない場合にあっては、その旨）
④ 発信日付
　　発信日付は元号表示が一般的といわれていますが、西暦表示であっても問題ありません。
⑤ 宛名
　　宛名は、評議員の個々の氏名の記載までは不要であり、「評議員各位」や「評議員の皆様へ」などと記載すれば足ります。
⑥ 招集者
　　招集通知には、誰が会議を招集しているのかを明示するために、法人の所在地、名称、招集者の地位を付した氏名が記載されるのが一般的といえま

す。
⑦　標題
　「定時評議員会」なのか「臨時評議員会」なのかを明らかにするため、「第〇期定時評議員会招集ご通知」「臨時評議員会招集ご通知」などと分けて記載するのが一般的といえます。
⑧　本文
　評議員会を開催する旨と出席要請を記載し、「拝啓」に始まって「敬具」で終わる手紙形式で記載するのが一般的といえます。

【招集通知例】

平成〇年〇月〇日

評議員各位

〇〇市〇〇町〇丁目〇番〇号
社会福祉法人　〇〇　〇〇
理事長　〇〇　〇〇

平成　年度定時評議員会招集のご通知

拝啓　ますますご清祥のこととお慶び申し上げます。
　さて、平成　年度定時評議員会を開催いたしますので、ご出席くださいますようご通知申し上げます。

敬　具

記

1　日時　平成〇〇年〇月〇日（〇曜日）午前10時
2　場所　〇市〇〇町〇丁目◎番◎号
　　　　　〇〇ホテル〇階会議室
3　評議員会の目的事項
　報告事項
　　　～　以下省略　～

　決議事項
　　　第1号議案
　　　　　～　以下省略　～

4　議案の概要
　第1号議案
　　　～　以下省略　～

第2章 社会福祉法人の機関と運営

評議員会の電子メールによる招集通知

評議員会の招集通知を電子メールで行うことはできますか。

招集通知は、原則として書面で発することになりますが、評議員の承諾を得られれば電子メールによって行うことができます。

解説

　評議員会の招集通知は、原則として書面で発することとされています（法45条の9第10項、一般法人法182条1項）。

　電磁的方法による招集通知も許容されていますが、その場合には、あらかじめ評議員に対し、その用いる電磁的方法の種類及び内容を示して評議員から書面又は電磁的方法による承諾を受ける必要があります（法45条の9第10項、一般法人法182条2項、令13条の6第1項、規則2条の13）。

　そのため、電子メールによる招集通知を行う場合には、理事会において、評議員会から承諾を受ける内容について決定しておく必要があり、具体的には、電子メールによって行うこと、利用できるパソコンの環境やファイルの種類等を決定した上で、評議員から承諾を受ける必要があります。

　電磁的方法で招集通知を発する場合には、評議員に対して提供しなければならない事業報告書なども電磁的方法によって提供することができます。

　ただし、上記の承諾をした評議員から、書面又は電磁的方法により電磁的方法による通知を受けない旨の申し出があったときは、当該評議員に対し、招集通知を電磁的方法によって発することはできません（令13条の6第2項）。

招集通知に記載のない議題・議案

評議員会において、招集通知に記載のない議題又は議案について決議することはできますか。

評議員会において、招集通知に記載のない議題について決議することはできません（会計監査人の出席を求めることについての決議を除きます。）。議案については、評議員会の目的となっている議題につき、評議員から議案の提出があった場合には決議することができます。

解説

1 議題と議案

「議題」とは会議の目的事項であり、「議案」とは議題に対する具体的な提案になります。

少しわかりづらいと思いますので、具体例で考えてみます。例えば、評議員会において理事6名を選任する場合、『理事6名選任の件』が「議題」であり、『A氏を理事として選任する。』が「議案」になります。つまり、評議員会で決めるべき目的事項たる「議題」は、あくまで理事を6名選任することであり誰を理事とするかまでは議題に含まれず、具体的に誰を選ぶべきかは「議案」になります。

2 議題について

評議員会は、会計監査人の出席を求めることの決議を除き、理事会決議によって定められ、招集通知に記載された議題以外の議題について決議をすることができません（法45条の9第9項）。

理事選任の例であれば、招集通知に『理事○名選任の件』という議題が記載されていない場合には、理事を選任するという議題について評議員会で決議することはできません。

なお、評議員には別途議題提案権が認められていますが、「議題」を提案するには、評議員会の日の4週間（これを下回る期間を定款で定めた場合にあっては、その期間）前までに、理事に対して請求する必要があります（法45条の8第4項、一般法人法184条）。

3 議案について

　評議員は、評議員会において、評議員会の目的である議題につき議案を提出することができます（法45条の8第4項、一般法人法185条）。

　理事選任の例であれば、招集通知に『理事1名選任の件』という議題及び『Aを理事として選任する。』という議案が記載されていた場合、評議員は評議員会において、『Bを理事として選任する。』という議案を提出することができます。

　ただし、次のいずれかに該当する場合には議案を提出することはできません（一般法人法185条ただし書き）ので注意が必要です。

① 当該議案が法令又は定款に違反する場合
② 実質的に同一の議案につき評議員会において議決に加わることができる評議員の10分の1（これを下回る割合を定款で定めた場合にあっては、その割合）以上の賛成を得られなかった日から3年を経過していない場合

評議員会の決議方法

評議員会の決議方法として、現実に評議員が参集して決議をする以外の方法は可能でしょうか。可能な方法による場合、注意すべき点はありますか。

出席者が一堂に会するのと同等の相互に十分な議論を行うことができる方法であれば、テレビ会議や電話会議による開催は認められます。
一方、評議員会決議の省略が認められる場合を除き、書面又は電磁的方法による議決権の行使、代理人による議決権の行使及び持ち回りによる議決権の行使は認められません。
テレビ会議や電話会議による開催の場合には、議事録に記載すべき事項が追加されますので注意が必要です。

解説
1 決議方法

評議員は、法人との委任契約に基づき、善良な管理者の注意をもってその職務を遂行する義務が課せられており（法38条、民法644条）、評議員会は、このような評議員が参集して相互に十分な討議を行うことによって意思決定を行う場であるため、書面又は電磁的方法による議決権の行使、代理人による議決権の行使及び持ち回りによる議決権の行使は認められません。

ただし、出席者が一堂に会するのと同等の相互に十分な議論を行うことができる方法であれば、テレビ会議や電話会議の方法による開催は認められます。

ここでいう電話会議とは、電話会議システムのようにシステム化されたものでなくとも、各評議員の音声が即時に他の評議員に伝わり、適時的確な意見表明が互いにできるのであれば一般的な電話機のマイク及びスピーカーシステム機能、スカイプなどのインターネットを利用する手段を用いてもよいと解されます（東京弁護士会会社法部『新・取締役会ガイドライン（第2版）』388頁参照（商事法務、2011））。

一方、評議員会の会場に設置された電話にスピーカーフォン機能などがなく、受話器を通してしかお互いの声が聞き取れない場合などのように、遠隔地にいる評議員を含む各評議員の発言が即時に他の全ての評議員に伝わるような即時性と

双方向性が確保されない方法で行われた場合には、遠隔地にいる評議員が出席したとは評価されないと考えられますのでご注意ください（福岡地判平成23年8月9日（平成21年（ワ）第4338号）参照）。

2　議事録記載事項

　評議員会が開催された場所に存しない理事、監事、会計監査人又は評議員が評議員会に出席した場合（例えば、テレビ会議などで出席した評議員がいる場合）には、当該出席方法を議事録に記載する必要があります（法45条の11第1項、規則2条の15第3項1号）。

　また、上述のとおり、テレビ会議等での出席が認められるためには、即時・双方向に意思伝達をすることができる状況にあったことが必要であり、議事録にも、具体的な出席方法としてそのような状況を基礎づける事実の記載をすべきと考えられます。

評議員会の議長と特別利害関係評議員

決議について特別な利害関係を有する評議員は、評議員会の議長になることができますか。

明文の規定はありませんが、議長になれないと解されます。

解説

決議について特別な利害関係を有する評議員は定足数に含まれず、議決権をもたないことは明らかですが（法45条の9第8項、6項）、評議員会の議長になれるか否かについては明文の規定がありません。

そのため、解釈によることになりますが、議事進行が公正に行われるのであれば議長になっても問題ないと考えることもできなくありません。

しかし、株式会社の取締役会に関する裁判例においては、「会議体の議長は議決権を有する当該構成員が務めるべきであるし、取締役会の議事を主宰して、その進行、整理にあたる議長の権限行使は、審議の過程全体に影響を及ぼしかねず、その態様いかんによっては、不公正な議事を導き出す可能性も否定できないのであるから、特別利害関係人として議決権を失い取締役会から排除される当該代表取締役は、当該決議に関し、議長としての権限も当然に喪失するものとみるべきである」（東京地判平成2年4月20日判時1350号138頁）とされています。

特別な利害関係を有する評議員に関する規定は、株式会社における規定と趣旨を同じくするものであり、上記裁判例の考え方は社会福祉法人の評議員にも当てはまるもの考えられます。

そのため、決議について特別な利害関係を有する評議員は、評議員会の議長にはなれないと解されます。

評議員会での説明・報告義務等

評議員会において、理事、監事、会計監査人が行わなくてはならないことはありますか。

理事及び監事は、評議員から特定の事項について説明を求められた場合、原則として説明する義務を負います。

理事は、定時評議員会において、事業報告及び計算書類（会計監査人設置法人の場合）を報告する義務を負います。

会計監査人は、定時評議員会において、会計監査人の出席を求める決議がされた場合には、意見を述べる義務を負います。

解説
1 理事及び監事の説明義務

理事及び監事は、評議員会において、評議員から特定の事項について説明を求められた場合には、当該事項について必要な説明をしなければなりません（法45条の10）。

ただし、次の場合には説明義務を負いません（同条ただし書き）。

① 当該事項が評議員会の目的である事項に関しないものである場合
② その他正当な理由がある場合として規則で定める次の場合（規則2条の14）
　　i　評議員が説明を求めた事項について説明をするために調査をする必要があり、かつ、次に掲げるいずれの場合にも該当しない場合
　　　ア　当該評議員が評議員会の日より相当の期間前に当該事項を法人に対して通知した場合
　　　イ　当該事項について説明をするために必要な調査が著しく容易である場合
　　ii　評議員が説明を求めた事項について説明をすることにより法人その他の者（当該評議員を除く）の権利を侵害することとなる場合
　　iii　評議員が当該評議員会において実質的に同一の事項について繰り返して説明を求める場合
　　iv　iからiiiに掲げる場合のほか、評議員が説明を求めた事項について説明

をしないことにつき正当な理由がある場合

2 理事の報告義務
(1) 事業報告の報告義務

　理事は、理事会の承認を受けた計算書類及び事業報告を定時評議員会に提出し、又は提供したうえ（法45条の30第1項）、当該事業報告の内容を定時評議員会に報告しなければなりません（法45条の30第3項）。

(2) 計算書類の報告義務

　会計監査人を設置している法人については、理事会の承認を受けた計算書類が法令及び定款に従い法人の財産及び収支の状況を正しく表示しているものとして規則で定める要件に該当する場合には、理事は、当該計算書類の内容を定時評議員会に報告しなければなりません（法45条の31、規則2条の39）。

3 会計監査人の意見陳述義務
　定時評議員会において、会計監査人の出席を求める決議があったときは、会計監査人は、定時評議員会に出席して意見を述べなければなりません（法45条の19第6項、一般法人法109条2項）。

第2章　社会福祉法人の機関と運営

評議員会議事録の記載事項

評議員会議事録の記載事項を教えてください。

評議員会議事録の記載事項は法令で定められていますので解説で確認してください。

解説
1　議事録作成義務
　評議員会の議事については、規則で定めるところにより、議事録を作成しなければならないとされているため、評議員会が開催された場合には、必ず議事録を書面又は電磁的記録をもって作成する必要があります（法45条の11第1項、規則2条の15第2項）。

2　記載事項
　議事録に記載しなくてはならない事項は次のとおりです（規則2条の15第3項）。
　① 　評議員会が開催された日時及び場所（当該場所に存しない評議員、理事、監事又は会計監査人が評議員会に出席した場合における当該出席の方法を含む）
　② 　評議員会の議事の経過の要領及びその結果
　③ 　決議を要する事項について特別の利害関係を有する評議員があるときは、当該評議員の氏名
　④ 　次に掲げる評議員会において述べられた意見又は発言があるときは、その意見又は発言の内容の概要
　　ⅰ 　監事による監事の選任若しくは解任又は辞任についての意見
　　ⅱ 　会計監査人による会計監査人の選任、解任若しくは不再任又は辞任についての意見
　　ⅲ 　監事を辞任した者による辞任した旨及びその理由についての発言
　　ⅳ 　会計監査人を辞任した者による辞任した旨及びその理由又は解任された者による解任についての意見
　　ⅴ 　監事による評議員会の提出議案等に法令・定款違反又は著しく不当な事

57

項があると認めるときの調査結果報告
　　ⅵ　監事による監事の報酬等についての意見
　　ⅶ　会計監査人による計算書類及びその附属明細書が法令又は定款に適合するかどうかについて会計監査人が監事と意見を異にするときの意見
　　ⅷ　定時評議員会へ会計監査人の出席を求める決議があったときの出席した会計監査人の意見
⑤　評議員会に出席した評議員、理事、監事又は会計監査人の氏名又は名称
⑥　評議員会の議長が存するときは、議長の氏名
⑦　議事録の作成に係る職務を行った者の氏名

3　署名又は記名押印

　社会福祉法は、評議員会議事録について、議事録に署名又は記名押印すべき者について規定を設けていないため、議事録に署名や記名押印がされていなくても法令違反にはなりません。
　しかし、ＦＡＱによれば、議事録の原本を明らかにし、改ざんを防止する観点等から、評議員会の議事録についても、議事録作成者が記名押印を行うことが望ましいとされています。そのため、定款例では、出席した評議員及び理事は、議事録に記名押印するとの規定がおかれています。

4　決議の省略をした場合の議事録の記載事項

　評議員会の決議を省略した場合であっても、議事録の作成義務はあります。ただし、その場合の記載事項は、上記の決議が行われた場合と異なりますので、注意が必要です。
　決議を省略した場合の記載事項は次のとおりです（規則２条の15第４項１号）。
①　評議員会の決議があったものとみなされた事項の内容
②　①の事項の提案をした者の氏名
③　評議員会の決議があったものとみなされた日※
④　議事録の作成に係る職務を行った者の氏名
　※　全ての評議員の同意の意思表示が法人に到達した日になります。

5　備え置き・閲覧

　作成した議事録は、評議員会の日から10年間主たる事務所に備え置かなければなりません（法45条の11第２項）。

第2章　社会福祉法人の機関と運営

　更に、議事録の写しを、5年間従たる事務所に備え置かなければなりません。ただし、当該議事録が電磁的記録をもって作成されている場合であって、従たる事務所において規則で定める措置※をとっているときは、従たる事務所に備え置く必要はありません（同条3項）。

　　※規則で定める措置（規則2条の5）
　　　社会福祉法人の使用に係る電子計算機を電気通信回線で接続した電子情報処理組織を使用する方法であって、当該電子計算機に備えられたファイルに記録された情報の内容を電気通信回線を通じて社会福祉法人の従たる事務所において使用される電子計算機に備えられたファイルに当該情報を記録するものによる措置

6　罰則

　議事録に記載すべき事項を記載せず、又は虚偽の記載をしたとき（法133条5号）、議事録を備え置かなかったとき（同条6号）は、20万円以下の過料に処せられます。

評議員会決議を争う訴え

Q28 評議員決議の効力について争う方法が法定されたと聞きましたが、どのような手段で争われ、どのような場合に効力が否定されるのでしょうか。

評議員会決議の効力を争う方法には、次の3つの方法があります。それぞれの訴訟が対象とする場面が異なりますので、解説で確認してください。
① 評議員会決議の不存在確認の訴え
② 評議員会決議の無効確認の訴え
③ 評議員会決議の取消しの訴え

解説

1 評議員会の決議の不存在確認の訴え（法45条の12、一般法人法265条1項）

(1) 総論

評議員会の決議の不存在とは、評議員会の決議が事実としてないにもかかわらず、決議があったかのように議事録が作成されたような場合が典型的な例となります。

評議員会の決議が物理的に存在しない場合以外にも、次のような場合には、決議が不存在であると評価される可能性があります。不存在確認の訴えにおいて原告が勝訴した場合には、その判決は、第三者に対しても効力を有するとされています（法45条の12、一般法人法273条）。

① 一部の評議員が勝手に会合して決議した場合（東京地判昭和30年7月8日下民6巻7号1353頁参照）
② 招集権者でない理事が、理事会の決議に基づかないで評議員会を招集した場合（最判昭和45年8月20日判時607号79頁参照）
③ 招集通知漏れが著しい場合（最判昭和33年10月3日民集12巻14号3053頁参照）

(2) 訴訟要件
　ア　原告
　　訴えの提訴権者（原告適格）については制限がなく、確認の利益が認められる限り、誰でも提起できます。
　イ　被告
　　被告は、法人になります（法45条の12、一般法人法269条4号）。
　ウ　管轄
　　法人の主たる事務所の所在地を管轄する地方裁判所の管轄に専属します（法45条の12、一般法人法270条）。
　エ　出訴期間
　　出訴期間の制限はなく、いつでも提起することができます。

2　評議員会の決議の無効確認の訴え（法45条の12、一般法人法265条2項）

(1) 総論

評議員会の決議の内容が法令に違反する場合には、決議は無効となります。無効確認の訴えにおいて原告が勝訴した場合には、その判決は、第三者に対しても効力を有するとされています（法45条の12、一般法人法273条）。

決議の内容が法令に違反する場合の例としては、次のようなものがあります。

　①　欠格事由のある者を理事等に選任する決議
　②　違法な内容の計算書類の承認決議

(2) 訴訟要件

訴訟要件は、不存在確認の訴えと同じとなります。

3　評議員会の決議の取消しの訴え（法45条の12、一般法人法266条1項）

(1) 総論

評議員会の決議の取消しの訴えの対象となるのは次の場合になります（法45条の12、一般法人法266条1項）。

　①　評議員会の招集の手続が、法令又は定款に違反するとき
　②　評議員会の招集の手続が、著しく不公正なとき
　③　評議員会の決議の方法が、法令又は定款に違反するとき
　④　評議員会の決議の方法が、著しく不公正なとき

⑤ 評議員会の決議の内容が、定款に違反するとき

(2) 訴訟要件
　ア　原告
　　提訴権者（原告適格）は、次の者に限られます（法45条の12、一般法人法266条1項）。
　　① 評議員
　　② 理事
　　③ 監事
　　④ 清算人
　　⑤ 当該決議の取消しにより①ないし④となる者
　イ　被告
　　被告は、法人になります（法45条の12、一般法人法269条5号）。
　ウ　管轄
　　法人の主たる事務所の所在地を管轄する地方裁判所の管轄に専属します（法45条の12、一般法人法270条）。
　エ　出訴期間
　　当該評議員会決議の日から3か月以内に訴えを提起する必要があります（法45条の12、一般法人法266条1項）。
　オ　判決の効力
　　原告が勝訴し、判決が確定すると、その判決は、第三者に対しても効力を有します（法45条の12、一般法人法273条）。また、判決が確定すると、当該決議は遡って無効になると考えられています。

第2章 社会福祉法人の機関と運営

第4節 理事

理事の要件

理事になれる人の要件はありますか。また、なれない人はいますか。

理事のうちには法が定める要件を満たす者が含まれる必要があります。一方、理事には欠格事由、兼職禁止、特殊関係者の就任制限がありますので、人選にあたり留意する必要があります。

解説
1 理事に含めなくてはならない者
　理事は6人以上とされていますが（法44条3項）、理事のうちには、次に掲げる者を含めなくてはなりません（法44条4項）。①から③に掲げる者がそれぞれ最低1人含まれる必要があるのでご注意ください。
　① 社会福祉事業の経営に関する識見を有する者
　② 当該社会福祉法人が行う事業の区域における福祉に関する実情に通じている者
　③ 当該社会福祉法人が施設を設置している場合にあっては、当該施設の管理者

2 施設を設置している場合にあっては、当該施設の管理者
　FAQによれば「施設」とは、原則として法62条1項の第1種社会福祉事業の経営のために設置した施設をいうが、第2種社会福祉事業であっても、保育所、就労移行支援事業所、就労継続支援事業所等が法人が経営する事業の中核である場合には、当該事業所等は同様に取り扱うこととするとされています。
　なお、法人が複数の「施設」を有している場合であっても、少なくとも施設の管理者1人を理事にすればよく、全ての施設の管理者を理事にする必要はありません。

3 理事になれない者
　(1) 欠格事由

次に掲げる者は、理事になることはできません（法44条1項、40条1項）。
① 法人
② 成年被後見人又は被保佐人
③ 生活保護法、児童福祉法、老人福祉法、身体障害者福祉法又は社会福祉法の規定に違反して刑に処せられ、その執行を終わり、又は執行を受けることがなくなるまでの者
④ ③に該当する者を除くほか、禁固以上の刑に処せられ、その執行を終わり、又は執行を受けることがなくなるまでの者
⑤ 所轄庁の解散命令により解散を命ぜられた社会福祉法人の解散当時の理事及び監事

(2) 兼職禁止

評議員及び監事は、理事と兼職ができないとされていますので（法40条2項、44条2項）、評議員及び監事は理事になることができません。

また、公認会計士法により、会計監査人が理事になることはできません（法45条の2第3項）。

(3) 各理事についての特殊関係者

理事のうちには、各理事について、その配偶者若しくは3親等以内の親族その他各理事と規則で定める特殊の関係がある者が3人を超えて含まれ、又は当該理事並びにその配偶者及び3親等以内の親族その他各理事と規則で定める特殊の関係がある者が理事の総数の3分の1を超えて含まれることになってはならないとされていますので（法44条6項）、次の者が理事になる場合には、人数制限を超過していないか確認する必要があります。

なお、3人を超えるか否かの基準を適用する場合には、当該理事を含まずに数えますが、総数の3分の1を超えるか否かの基準を適用する場合には、当該理事を含めて数えることになりますので、注意が必要です。

① 理事の配偶者
② 理事の3親等以内の親族
③ 規則で定める特殊の関係がある者（規則2条の10）
　ⅰ 当該理事と婚姻の届出をしていないが事実上婚姻関係と同様の事情にある者
　ⅱ 当該理事の使用人

ⅲ 当該理事から受ける金銭その他の財産によって生計を維持している者
ⅳ ⅱ及びⅲに掲げる者の配偶者
ⅴ ⅰからⅲに掲げる者の３親等以内の親族であって、これらの者と生計を一にするもの
ⅵ 当該理事が役員（法人でない団体で代表者又は管理人の定めのあるものにあっては、その代表者又は管理人。以下この号において同じ。）若しくは業務を執行する社員である他の同一の団体（社会福祉法人を除く。）の役員、業務を執行する社員又は職員（当該他の同一の団体の役員、業務を執行する社員又は職員である当該社会福祉法人の理事の総数の当該社会福祉法人の理事の総数のうちに占める割合が、３分の１を超える場合に限る。）
ⅶ 次に掲げる団体の職員のうち国会議員又は地方公共団体の議会の議員でない者（当該団体の職員（国会議員又は地方公共団体の議会の議員である者を除く。）である当該社会福祉法人の理事の総数の当該社会福祉法人の理事の総数のうちに占める割合が、３分の１を超える場合に限る。）
　ア　国の機関
　イ　地方公共団体
　ウ　独立行政法人通則法（平成11年法律第103号）第２条１項に規定する独立行政法人
　エ　国立大学法人法（平成15年法律第112号）第２条１項に規定する国立大学法人又は同条３項に規定する大学共同利用機関法人
　オ　地方独立行政法人法（平成15年法律第118号）第２条１項に規定する地方独立行政法人
　カ　特殊法人（特別の法律により特別の設立行為をもって設立された法人であって、総務省設置法（平成11年法律第91号）第４条１項９号の規定の適用を受けるものをいう。）又は認可法人（特別の法律により設立され、かつ、その設立に関し行政官庁の認可を要する法人をいう。）

理事の任期と選任方法

現行の理事の任期はいつまでになるのでしょうか。また、法改正後の理事の選任方法と任期について教えてください。

平成29年4月1日に在任している理事については、その任期にかかわらず、同日以後最初に招集される定時評議員会の終結のときに任期満了となります。

改正社会福祉法における理事は、評議員会の決議によって選任することになります。

任期は、定款に別段の定めがない限り、評議員会で選任された日から2年以内に終了する会計年度のうち最終のものに関する定時評議員会の終結の時となります。

解説

1 現行理事の任期

平成29年4月1日に在任している理事については、その任期にかかわらず（仮に平成30年までの任期だったとしても）、同日以後最初に招集される定時評議員会の終結の時に任期満了となります（附則14条）。

そのため、同日以後最初に行われる定時評議員会では、理事全員を選任する必要がありますので、ご注意ください。

2 改正後の理事の選任手続

(1) 選任機関

理事は、評議員会の決議によって選任します（法43条1項）。

当該決議は普通決議ですので、定款に別段の定めがない限り、議決に加わることができる評議員の過半数が出席し、その過半数をもって行うことになります（法45条の9第6項）。

(2) 選任議案

理事の選任に関する評議員会の議題及び議案は、理事会の決議によって決定し、理事の候補者も、議案として評議員に通知することになります（法45

条の9第10項、一般法人法181条1項2号、3号、182条3項、規則2条の12)。

　ただし、評議員は、評議員会の場において、議題の範囲内で議案を提案することができます（法45条の8第4項、一般法人法185条）ので、議題が「理事○名を選任する件」であれば、理事提案の「Aを選任する」という議案に対し、「Bを選任する」という提案を行って、決議することができます。

3　任期

(1)　始期

　ある者が法人の理事になるには、評議員会の選任行為（選任決議）と被選任者の理事への就任承諾が必要となります。そうすると、理事としての任期の始期は、選任行為と就任承諾の両方が行われた時点（どちらか遅い方がされた時点）となりそうです。

　しかし、FAQによれば、任期の起算点を『就任時』とすると、就任承諾は被選任者の意向に委ねられる結果、評議員会の選任決議と就任承諾との間に長期間の隔たりがある場合などにおいて、任期の終期が評議員会の意思に反する事態が生じかねないため、任期の起算点は、評議員会における『選任時』になるとされています。

　また、理事の選任決議の効力発生時期を遅らせる決議をしたとしても、任期の起算点は、選任決議を行った日になるとされています。

　したがって、理事の任期の始期は、評議員会において理事選任決議を行った日となります。

(2)　終期

　理事の任期の終期は、選任後2年以内に終了する会計年度のうち最終のものに関する定時評議員会の終結の時となります。ただし、定款によって、その任期を短縮することができます（法45条）。

　したがって、平成29年6月に選任された理事は、定款に別段の定めがない場合、平成31年に開催される定時評議員会の終結の時までが任期となります。

理事の補欠選任

Q31 理事の補欠を選任することはできますか。

 法又は定款で定めた理事の員数を欠くこととなるときに備えて補欠の理事をあらかじめ選任しておくことができます。

解説

1　補欠理事選任に関する定め

理事は、評議員会の決議によって選任されるところ、当該決議をする場合には、法又は定款で定めた理事の員数を欠くこととなるときに備えて補欠の役員を選任することができ、理事の補欠選任の際は、次の事項をあわせて決定しなければなりません（法43条2項、規則2条の9第2項）。

① 当該候補者が補欠の理事である旨
② 当該候補者を1人又は2人以上の特定の理事の補欠の理事として選任するときは、その旨及び当該特定の理事の氏名
③ 同一の理事（2人以上の理事の補欠として選任した場合にあっては、当該2人以上の理事）につき2人以上の補欠の理事を選任するときは、当該補欠の理事相互間の優先順位
④ 補欠の理事について、就任前にその選任の取消しを行う場合があるときは、その旨及び取消しを行うための手続

2　補欠理事選任決議の効力

補欠の理事の選任に係る決議が効力を有する期間は、定款に別段の定めがある場合を除き、当該決議後最初に開催する定時評議員会の開始の時までとなります。ただし、評議員会の決議によってその期間を短縮することができます（規則2条の9第3項）。

3　補欠理事の任期

補欠の理事も、原則は、通常の理事と同様に選任後2年以内に終了する会計年度のうち最終のものに関する定時評議員会の終結の時までとなります（法45条）が、定款によって短縮することが可能であり、定款例のように「補欠として選任

された理事の任期は、前任者の任期の満了する時までとすることができる。」とすることができます。

　なお、任期の起算点は、理事に就任した日ではなく、補欠の理事として選任された日になると解されます。

理事の欠員時の対応

理事の員数が社会福祉法又は定款で定めた数を下回った場合には、どのようになるのでしょうか。

欠員が生じた事由によって異なりますので解説を確認してください。

解説

1 総説

理事の員数は、6人以上の定款で定める数とされていますが（44条3項）、理事の辞任などで、理事の員数が当該規定に定める数を下回り、欠員が出てしまうことがあります。

この場合には、欠員が生じた事由ごとに対応が異なりますので、注意が必要です。

2 任期満了又は辞任による欠員の場合

理事の任期満了又は辞任によって欠員が生じた場合には、任期満了又は辞任によって退任した理事は、新たに選任された理事（4記載の一時理事を含みます。）が就任するまで、理事としての権利義務を有することになります（法45条の6第1項）。

理事としての権利義務を有するとは、すなわち理事としての地位に留任することであり、理事に認められている権利の全てが認められる一方、任務懈怠による損害賠償責任（法45条の20、21）も引き続き負うことになります。

なお、任期満了又は辞任によって理事の一部が欠けたが、法及び定款で定めた理事の員数を欠くにいたっていない場合（例えば、定款で6名以上としてあり、7名を理事に選任した場合で、1名が辞任したような場合）には、引き続き理事としての権利義務を有することにはなりません。

3 死亡又は解任による欠員

死亡又は解任によって、法又は定款で定めた理事の員数を欠くにいたった場合には、上記のような規定はなく、欠員状態となってしまいます。

そのため、法人としては、遅滞なく新しい理事を選任する必要があります。

4　一時理事の選任

　法又は定款で定めた理事の員数が欠けた場合において、事務が遅滞することにより損害が生ずるおそれがあるときは、所轄庁は、利害関係人の請求により又は職権で、一時理事の職務を行うべき者（以下「一時理事」といいます。）を選任することができます（法45条の6第2項）。

　一時理事は、後任の理事が選任されるまでの間は、本来の理事と同一の権利と義務を有するものと解されます。

　なお、任期満了又は辞任による欠員の場合にも適用がありますが、これは状況によっては退任した理事が病気、他の理事との対立等の事情があるなど、事実上、理事に留任することが困難な場合があるためと考えられます。

理事の権限・義務

理事はどのような権限及び義務があるのでしょうか。

理事には、解説に記載する権限及び義務がありますので、知らないうちに義務違反とならないように内容を正確に理解する必要があります。

解説
1 理事の権限
(1) 理事会招集権

理事は、理事会を招集する理事(以下「招集権者」といいます。)を定款又は理事会で定めていないときは、理事会を招集することができます(法45条の14第1項)。

(2) 理事会招集請求権・理事会招集権

招集権者を定款又は理事会で定めているときは、招集権者以外の理事は、招集権者に対し、理事会の目的である事項を示して、理事会の招集を請求することができます(同条2項)。

当該請求があった日から5日以内に、当該請求があった日から2週間以内の日を理事会の日とする理事会の招集の通知が発せられない場合には、当該請求をした理事は、自ら理事会を招集することができます(同条3項)。

2 理事の義務
(1) 評議員会での説明義務

理事は、評議員会において、評議員から特定の事項について説明を求められた場合には、当該事項について必要な説明をしなければなりません(法45条の10)。

ただし、次の場合には説明義務を負いません(同条ただし書き)。
① 当該事項が評議員会の目的である事項に関しないものである場合
② その他正当な理由がある場合として規則2条の14で定める次の場合
　i 評議員が説明を求めた事項について説明をするために調査をする必要があり、かつ、次に掲げるいずれの場合にも該当しない場合

ア　当該評議員が評議員会の日より相当の期間前に当該事項を法人に対して通知した場合
　　イ　当該事項について説明をするために必要な調査が著しく容易である場合
　ⅱ　評議員が説明を求めた事項について説明をすることにより法人その他の者（当該評議員を除く）の権利を侵害することとなる場合
　ⅲ　評議員が当該評議員会において実質的に同一の事項について繰り返して説明を求める場合
　ⅳ　ⅰからⅲに掲げる場合のほか、評議員が説明を求めた事項について説明をしないことにつき正当な理由がある場合

(2)　事業報告の報告義務

　理事は、理事会の承認を受けた計算書類及び事業報告を定時評議員会に提出し、又は提供したうえ（法45条の30第1項）、当該事業報告の内容を定時評議員会に報告しなければなりません（同条3項）。

(3)　計算書類の報告義務

　会計監査人を設置している法人については、理事会の承認を受けた計算書類が法令及び定款に従い法人の財産及び収支の状況を正しく表示しているものとして規則で定める要件に該当する場合には、理事は、当該計算書類の内容を定時評議員会に報告しなければなりません（法45条の31）。

(4)　善管注意義務・忠実義務

　法人と理事との関係は、委任に関する規定に従いますので（法38条）、理事は、その職務を遂行するにつき、法人に対して善管注意義務を負うことになります（民法644条）。

　また、理事は、法令及び定款を遵守し、法人のため忠実にその職務を行わなければなりません（以下「忠実義務」といいます。）（法45条の16第1項）。

　善管注意義務と忠実義務との関係ですが、同様の規定がある株式会社における取締役の忠実義務に関する判例では「民法644条に定める善管義務を敷衍し、かつ一層明確にしたにとどまるのであって、・・・通常の委任関係に伴う善管義務とは別個の、高度な義務を規定したものとは解することができない」（最判昭和45年6月24日民集24巻6号625頁）としています。

この判例の見解によれば、忠実義務の規定の存在意義は、委任関係に伴う善管注意義務を強行規定とする点にあるにすぎないことになります（江頭憲治郎『株式会社法（第6版）』430頁参照（有斐閣、2015））。

(5) 競業取引・利益相反取引の承認・報告義務
　ア　承認
　　　理事は、次に掲げる場合には、理事会において、当該取引につき重要な事実を開示し、その承認を受けなければなりません（法45条の16第4項、一般法人法84条1項）。
　　①　理事が、自己又は第三者のために法人の事業の部類に属する取引をしようとするとき（競業取引）
　　②　理事が、自己又は第三者のために法人と取引をしようとするとき（利益相反取引・直接取引）
　　③　法人が理事の債務を保証することその他理事以外の者との間において法人と当該理事との利益が相反する取引をしようとするとき（利益相反取引・間接取引）

　イ　報告
　　　上記①ないし③の取引をした理事は、当該取引後、遅滞なく、当該取引についての重要な事実を理事会に報告しなければなりません（法45条の16第4項、一般法人法92条2項）。

(6) 監事への報告義務
　　理事は、法人に著しい損害を及ぼすおそれのある事実があることを発見したときは、直ちに、当該事実を監事に報告しなければなりません（法45条の16第4項、一般法人法85条）。

第 2 章　社会福祉法人の機関と運営

理事の報酬

理事の報酬はどのようにして決定すればよいのでしょうか。

理事の報酬等の額は、定款又は評議員会で定める必要があります。
また、支給の基準を作成し、評議員会の承認を受けた上で、公表しなくてはなりません。

解説
1　報酬等の決定方法
　理事の報酬、賞与その他の職務遂行の対価として受ける財産上の利益（以下本回答において「報酬等」といいます。）の額は、次のいずれかの方法で定める必要があります（法45条の16第4項、一般法人法89条）。
　① 定款にその額を定める
　② 定款にその額の定めがない場合、評議員会の決議により定める
　ここでいう「額」とは、理事個人ごとの報酬額である必要はなく、全理事に対する報酬総額で足りると解されます。
　また、無報酬とする場合にあっても、その旨を定める必要があります。
　②の評議員会決議で定める方法の場合、定款例では次のような規定となっていますので、参考とすることができます。

【定款例】
（理事の報酬等）
　理事に対して、評議員会において別に定める総額の範囲内で、評議員会において別に定める報酬等の支給の基準に従って算定した額を報酬等として支給することができる。

2　支給基準の作成と承認
　法人は規則で定めるところにより、次の要素を考慮して、不当に高額なものとならないような支給の基準を定め（法45条の35第1項）、評議員会の承認を受ける必要があります（同条2項）。

① 民間事業者の役員の報酬等
② 民間事業者の従業員の給与
③ 当該法人の経理の状況
④ その他の事情

3 支給基準の内容

支給基準では、次の事項を定める必要があります（規則2条の42）。

① 理事の勤務形態に応じた報酬等の区分
　具体的には、常勤・非常勤別に報酬を定めることになります。
② 報酬等の額の算定方法
　ⅰ 報酬等の算定の基礎となる額、役職、在職年数など、どのような過程を経てその額が算定されたか、法人として説明責任を果たすことができる基準を設定する必要があります。
　ⅱ 評議員会が役職に応じた1人当たりの上限額を定めた上で、各理事の具体的な報酬金額については理事会が決定するといった規定は許容されます。
　ⅲ 評議員会の決議によって定められた総額の範囲内において決定するという規定や、単に職員給与規程に定める職員の支給基準に準じて支給するというだけの規定は、どのような算定過程から具体的な報酬額が決定されるのかを第三者が理解することは困難であり、法人として説明責任を果たすことができないため、認められていません。
　ⅳ 退職慰労金については、退職時の月例報酬に在職年数に応じた支給率を乗じて算出した額を上限に各理事については理事会が決定するという方法も許容されます。
③ 支給の方法
　支給の時期として、毎月なのか出席の都度なのか、各月又は各年のいつ頃かなどを規定します。
　支給の手段として、銀行振込か現金支給かなどを規定します。
④ 支給の形態
　支給の形態とは、現金・現物の別等をいいます。ただし、「現金」「通貨」といった明示的な記載がなくとも、報酬額につき金額の記載しかないなど金銭支給であることが客観的に明らかな場合は、「現金」等の記載は必要ありません。

4　支給基準の備え置き、閲覧、公表

(1) 備え置き

　毎会計年度終了後3月以内に、規則で定めるところにより、報酬等の支給の基準を記載した書類（電磁的記録でも可能です。）を作成し、当該書類を5年間その主たる事務所に、その写しを3年間その従たる事務所に備え置かなければなりません（法45条の34第1項3号）。

　ただし、当該書類が電磁的記録をもって作成されている場合であって、規則で定める措置※をとっている法人については、5年間主たる事務所に備え置くだけでよいとされています（同条5項）。

※規則で定める措置（規則2条の5第4号）

　社会福祉法人の使用に係る電子計算機を電気通信回線で接続した電子情報処理組織を使用する方法であって、当該電子計算機に備えられたファイルに記録された情報の内容を電気通信回線を通じて社会福祉法人の従たる事務所において使用される電子計算機に備えられたファイルに当該情報を記録するものによる措置

(2) 閲覧

　何人も、法人の業務時間内は、いつでも、報酬等の支給基準を記載した書類について、次の請求をすることができます（法45条の34第3項）。
① 報酬等の支給基準が書面をもって作成されているときは、当該書面又は当該書面の写しの閲覧の請求
② 報酬等の支給基準が電磁的記録をもって作成されているときは、当該電磁的記録に記録された事項を紙面又は映像面に表示する方法により表示したものの閲覧の請求

(3) 公表

　報酬等の支給基準について、評議員会の承認を受けたときは、当該承認を受けた報酬等の支給基準を、インターネットの利用により公表しなければなりません（法59条の2第1項2号、規則10条1項）。

理事の損害賠償責任

Q35 理事に対して損害賠償請求がされる可能性があると聞きましたが、どのような場合に理事は損害賠償責任を負うのでしょうか。

A 法人に対しては、理事がその任務を怠ったことにより法人に損害が生じたときに、損害賠償責任を負います。
　法人以外の第三者に対しては、職務を行うについて悪意又は重大な過失があったことにより第三者に損害が生じたときに、損害賠償責任を負います。

解説
1　法人に対する責任
(1)　要件
　　理事は、その任務を怠ったときは、法人に対し、これによって生じた損害を賠償する責任を負います（法45条の20第1項）。

(2)　競業取引における損害の推定
　　理事が、自己又は第三者のために法人の事業の部類に属する取引を、理事会において当該取引につき重要な事実を開示し、その承認を受ける義務に違反して、その取引をしたときは、当該取引によって理事又は第三者が得た利益の額は、法人の損害の額と推定されます（法45条の20第2項）。

(3)　利益相反取引における任務を怠ったことの推定
　　利益相反取引によって法人に損害が生じた時は、次に掲げる理事は、その任務を怠ったものと推定されます（法45条の20第3項）。
　①　利益相反取引をしようとすることについて理事会の承認を受けなければならない理事
　②　法人が当該取引をすることを決定した理事
　③　当該取引に関する理事会の承認の決議に賛成した理事

(4) 抗弁の禁止

　一般法人法84条1項2号の取引（自己のためにした取引に限る。）をした理事は、任務を怠ったことが当該理事の責に帰することができない事由によるものであることをもって、法人に対する損害賠償責任を免れることができません（法45条の20第4項、一般法人法116条）。

2　法人以外の第三者に対する責任

　理事は、その職務を行うについて悪意又は重大な過失があったときは、当該理事は、これによって第三者に生じた損害を賠償する責任を負います（法45条の21第1項）。

　また、理事が次に定める行為をしたときも、これによって第三者に生じた損害を賠償する責任を負います。ただし、当該理事が次に定める行為をすることについて注意を怠らなかったことを証明したときは、この限りではありません（同条2項）。

① 計算書類及び事業報告並びにこれらの附属明細書に記載し、又は記録すべき重要な事項についての虚偽の記載又は記録
② 虚偽の登記
③ 虚偽の公告

3　連帯責任

　理事が法人又は第三者に生じた損害を賠償する責任を負う場合において、他の理事、監事、会計監査人又は評議員も当該損害を賠償する責任を負うときは、これらの者は、連帯債務者になります（法45条の22）。

理事の法人に対する責任の免除・限定

Q36 理事の法人に対する損害賠償責任を免除又は限定することはできますか。

A 理事の法人に対する損害賠償責任を免除又は限定するには、次の方法があります。
① 総評議員の同意による全額免除
② 評議員会の特別決議による一部免除
③ 定款の定めと理事会決議による一部免除
④ 責任限定契約による一部免除

解説

1 理事の法人に対する損害賠償責任

理事は、その任務を怠ったときは、法人に対し、これによって生じた損害を賠償する責任を負います(法45条の20第1項)。

理事の法人に対する損害賠償責任を免除又は限定する方法として、次の方法があります。

2 総評議員の同意による全額免除

総評議員の同意があれば、理事の法人に対する損害賠償責任を全額免除することができます(法45条の20第4項、一般法人法112条)。

3 評議員会の特別決議による一部免除 (法45条の20第4項、一般法人法113条)

(1) 要件
① 当該理事が職務を行うにつき、善意でかつ重大な過失がないこと
② 評議員会において、次の事項を開示した上で特別決議を得ること
　ア 責任の原因となった事実及び賠償の責任を負う額
　イ 免除することができる額の限度及びその算定の根拠
　ウ 責任を免除すべき理由及び免除額
③ 責任免除に関する議案を評議員会に提出するにあたって、各監事の同意を得ること

第2章　社会福祉法人の機関と運営

(2)　効果

次の①に掲げる額から②に掲げる額を控除して得た額（以下「免除限度額」といいます。）を限度として免除することができます。

① 賠償の責任を負う額
② 当該理事がその在職中に法人から職務執行の対価として受け、又は受けるべき財産上の利益の1年間当たりの額に相当する額として規則で定める方法により算定される額（以下「規則算定額※」といいます。）に、次のアからウまでに掲げる役員等の区分に応じ、当該アからウまでに定める数を乗じて得た額（以下「最低責任限度額」といいます。）

  ア　理事長　6
  イ　理事長以外の理事であって、次に掲げるもの　4
   ⅰ　理事会の決議によって法人の業務を執行する理事として選定されたもの
   ⅱ　法人の業務を執行した理事（ⅰを除く）
   ⅲ　法人の職員
  ウ　理事（ア及びイを除く）　2

※規則算定額

次に掲げる額の合計額になります（規則2条の23）。

① 理事がその在職中に報酬、賞与その他の職務執行の対価（当該理事が法人の職員を兼ねている場合における当該職員の報酬、賞与その他の職務執行の対価を含む。）として法人から受け、又は受けるべき財産上の利益（②に定めるものを除く）の額の会計年度（責任の一部免除の評議員会若しくは理事会決議の日又は責任限定契約を締結した場合にあっては責任の原因となる事実が生じた日を含む会計年度及びその前の各会計年度に限る）ごとの合計額（当該会計年度の期間が1年でない場合にあっては、当該合計額を1年当たりの額に換算した額）のうち最も高い額

② アに掲げる額をイに掲げる数で除して得た額
  ア　次に掲げる額の合計額
   ⅰ　当該理事が法人から受けた退職慰労金の額
   ⅱ　当該理事が法人の職員を兼ねていた場合における当該職員としての退職手当のうち当該理事を兼ねていた期間の職務執行の対価である部分の額
   ⅲ　ⅰ又はⅱに掲げるものの性質を有する財産上の利益の額
  イ　当該理事がその職に就いていた年数（上記(2)②の当該理事の区分に応じたそれぞれの数が当該年数を超えている場合にあっては、当該数）

4 定款の定めと理事会決議による一部免除（法45条の20第4項、一般法人法114条）

(1) 要件

① 理事が職務を行うにつき善意でかつ重大な過失がない場合において、責任の原因となった事実の内容、当該理事の職務の執行の状況その他の事情を勘案して特に必要と認めるときは、免除限度額を限度として理事会の決議によって免除することができる旨の定款の定めがあること

② 理事会の決議があること

③ 次のア及びイに掲げる場合において、各監事の同意があること

　ア　定款を変更して理事の責任を免除することができる旨の定めを設ける議案を評議員会に提出する場合

　イ　定款の定めに基づいて当該理事の責任の免除に関する議案を理事会に提出する場合

④ ②の理事会決議後、遅滞なく、次の事項及び責任を免除することに異議がある場合には一定の期間内（1か月を下ることはできない）に当該異議を述べるべき旨を評議員に通知すること

　ア　責任の原因となった事実及び賠償の責任を負う額

　イ　免除することができる額の限度及びその算定の根拠

　ウ　責任を免除すべき理由及び免除額

⑤ 総評議員の10分の1以上の評議員が④所定の期間内に異議を述べていないこと

(2) 効果

免除限度額内で理事会が決議した額が免除されます。

5 責任限定契約による一部免除（法45条の20第4項、一般法人法115条）

(1) 要件

① 次に掲げるもの以外の理事（以下「非業務執行理事」といいます。）が職務を行うにつき善意でかつ重大な過失がないときは、定款で定めた額の範囲内であらかじめ法人が定めた額と最低責任限度額とのいずれか高い額を限度とする旨の契約（以下「責任限定契約」といいます。）を非業務執行理事と締結することができる旨の定款の定めがあること

　ア　理事長

　イ　業務執行理事

ウ　業務を執行した理事
　　エ　法人職員
　② 理事会の決議があること
　③ 定款を変更して理事の責任を免除することができる旨の定めを設ける議案を評議員会に提出する場合において、各監事の同意があること
　④ 責任限定契約を締結したこと
　⑤ 責任限定契約を締結した法人が、当該契約の相手方である非業務執行理事が任務を怠ったことにより損害を受けたときを知ったとき、その後最初に招集される評議員会において次の事項を開示すること
　　ア　責任の原因となった事実及び賠償の責任を負う額
　　イ　免除することができる額の限度及びその算定の根拠
　　ウ　当該契約の内容及び当該契約を締結した理由
　　エ　法人が受けた損害のうち、当該非業務執行理事が賠償する責任を負わないとされた額

(2) 効果

　定款で定めた額の範囲内であらかじめ法人が定めた額と最低責任限度額とのいずれか高い額を超える額が免除されます。

　ただし、責任限定契約を締結した理事が①アからエのいずれかに就任したときは、当該契約は将来に向かってその効力を失います。

【定款例】
1　理事会決議による一部免除
　（責任の免除）
　第○条　理事、監事又は会計監査人が任務を怠ったことによって生じた損害について社会福祉法人に対し賠償する責任は、職務を行うにつき善意でかつ重大な過失がなく、その原因や職務執行状況などの事情を勘案して特に必要と認める場合には、社会福祉法第45条の20第4項において準用する一般社団法人及び一般財団法人に関する法律第113条第1項の規定により免除することができる額を限度として理事会の決議によって免除することができる。
2　責任限定契約による一部免除
　（責任限定契約）

第○条　理事（理事長、業務執行理事、業務を執行したその他の理事又は当該社会福祉法人の職員でないものに限る。）、監事又は会計監査人（以下この条において「非業務執行理事等」という。）が任務を怠ったことによって生じた損害について社会福祉法人に対し賠償する責任は、当該非業務執行理事等が職務を行うにつき善意でかつ重大な過失がないときは、金○○万円以上であらかじめ定めた額と社会福祉法第45条の20第4項において準用する一般社団法人及び一般財団法人に関する法律第113条第1項第2号で定める額とのいずれか高い額を限度とする旨の契約を非業務執行理事等と締結することができる。

競業取引

競業取引を行う場合の手続について教えてください。

競業取引を行う場合には、理事会で重要な事実を開示して承認を受ける必要があります。
また、取引終了後には、遅滞なく、理事会に重要な事実を報告しなければなりません。

解説

1　競業取引に関する規制

　理事は、自己又は第三者のために法人の事業の部類に属する取引（以下「競業取引」といいます。）をしようとするときは、理事会において、当該取引の重要な事実を開示し、その承認を受けなければなりません（法45条の16第4項、一般法人法84条1項1号）。

　また、競業取引をした理事は、当該取引後、遅滞なく、当該取引についての重要な事実を理事会に報告しなければなりません（法45条の16第4項、一般法人法92条2項）。

2　競業取引とは

　「法人の事業の部類に属する取引」とは、法人が実際に行う事業と市場において取引が競合し、法人と理事との間に利益の衝突が生じる可能性がある取引であると考えられます。

　現在は実際に行っていないが、将来行う可能性のあるに過ぎない事業については原則として含まれないと解されますが、具体的に計画して準備を進めているような事業については含まれると解される可能性があります。

3　承認を受けるべき理事

　理事会で承認を受けるべき理事は、競業取引を自己又は第三者のために行う理事になります。

4 「重要な事実」とは

重要な事実を開示する目的は、理事会が利益相反取引を承認すべきか否かを判断するためと考えられます。そのため、「重要な事実」とは、承認をするか否かを判断するために必要な事実と解され、具体的には、取引の主な内容（相手方が誰か、取引の目的物は何か、取引数量や価格など）と、競業取引となる具体的な事情の説明などが考えらえます。

5 競業取引の報告

取引をした理事は、当該取引後、遅滞なく、当該取引についての重要な事実を理事会に報告しなければなりません（法45条の16、一般法人法92条2項）。

(1) 報告をすべき理事

報告すべき理事は、競業取引をした理事になります。

(2) 報告の時期

条文上「遅滞なく」とありますので、原則として、取引が終了して報告が可能となってから、最初に開催される理事会で報告すべきと解されます。

(3) 報告の内容

条文上、承認手続と同様に「重要な事実」を報告することとなっていることから、承認手続に準じて考えればよいと解されますが、もし承認時点に開示した事実のうち取引の際に変更された点などがあった場合には、当該変更点については丁寧な報告が求められると考えられます。

利益相反取引

利益相反取引を行う場合の手続について教えてください。

利益相反取引を行う場合には、理事会で重要な事実を開示して承認を受ける必要があります。

また、取引終了後には、遅滞なく、理事会に重要な事実を報告しなければなりません。

解説

1 利益相反取引に関する規制

理事は、次に掲げる取引（以下「利益相反取引」といいます。）をするときは、理事会において、当該取引の重要な事実を開示し、その承認を受けなければなりません（法45条の16第4項、一般法人法84条1項2、3号）。

また、利益相反取引をした理事は、当該取引後、遅滞なく、当該取引についての重要な事実を理事会に報告しなければなりません（法45条の16第4項、一般法人法92条2項）。

① 理事が自己又は第三者のために法人と取引をしようとするとき
② 法人が理事の債務を保証することその他理事以外の者との間において法人と当該理事との利益が相反する取引をするとき（以下「間接取引」といいます。）

2 「自己又は第三者のために」とは

「自己又は第三者のために」の解釈については、自己又は第三者の名義においてと解する立場（以下「名義説」といいます。）と、自己又は第三者の計算においてと解する立場が考えられますが、利益相反取引については名義説が妥当であると考えらえます。

名義説からすれば「自己又は第三者のために」とは、自らが当事者となって又は第三者を代理若しくは代表して取引をする場合が該当することになります。

したがって、法人が理事個人と契約する場合や理事が代表する会社と契約する場合には、直接取引に該当します。

3 間接取引

条文が規定する「法人が理事の債務を保証すること」は例示であり、その他の行為であっても外形的・客観的に法人の犠牲において理事に利益が生じる行為は間接取引に該当します。

具体的に該当する行為としては次のようなものがありますが、これらに限られませんので、個別に判断する必要があります。

① 理事の債務を法人が引き受けること
② 理事の債務について法人が物上保証をすること

4 承認を受けるべき理事

理事会で承認を受けるべき理事は、法人を代表した理事長なのか取引の相手方たる理事なのかについては、考え方が分かれています。

そのため、実務的には、理事長及び取引の相手方たる理事の双方が承認を受ける義務があると考えるのが無難ですが、その考え方によったとしてもどちらか一方が承認を受ければ足りると解されます。

5 「重要な事実」とは

重要な事実を開示する目的は、理事会が利益相反取引を承認すべきか否かを判断するためと考えられます。そのため、「重要な事実」とは、承認をするか否かを判断するために必要な事実と解され、具体的には、取引の主な内容(相手方が誰か、取引の目的物は何か、取引数量や価格など)と、利益相反状態の具体的な説明などが考えらえます。

6 利益相反取引の報告

利益相反取引をした理事は、当該取引後、遅滞なく、当該取引についての重要な事実を理事会に報告しなければなりません(法45条の16、一般法人法92条2項)。

(1) 報告をすべき理事

報告すべき理事が、法人を代表した理事長か取引の相手方たる理事なのか、間接取引で利益相反関係にある理事も含まれるのかについては解釈が分かれますが、実務としては、法人を代表して取引を行った理事長から報告すれば足りると考えられます。

(2) 報告の時期

　条文上「遅滞なく」とありますので、原則として、取引が終了して報告が可能となってから、最初に開催される理事会で報告すべきと解されます。

(3) 報告の内容

　条文上、承認手続と同様に「重要な事実」を報告することとなっていることから、承認手続に準じて考えればよいと解されますが、もし承認時点に開示した事実のうち取引の際に変更された点などがあった場合には、当該変更点については丁寧な報告が求められると考えられます。

理事長の選定等

理事長の選定方法や権限などについて教えてください。

理事長は、理事会で選定及び解職を行います。
理事長は法人の唯一の代表者であり、定期的に職務の執行状況を理事会に報告しなければなりません。
理事長がその職務を行うについて第三者に損害を加えた場合、法人は賠償責任を負います。

解説

1 改正社会福祉法における理事長の位置付け

法改正前においては、理事長は法律上の機関として位置付けられておらず、原則として全ての理事が代表権をもっていました。

しかし、法改正によって、理事長は、代表権を有する唯一の機関として法律上必置の機関として位置付けられました。

2 選定及び解職方法

(1) 理事会決議

理事長の選定及び解職は、理事会で行うこととされ、理事会は、理事の中から理事長1人を必ず選定しなければなりません(法45条の13第2項3号、3項)。

理事会の決議は、議決に加わることができる理事の過半数(定款で割合を加重することができます。)が出席し、その過半数(定款で割合を加重することができます。)をもって行います(法45条の14第4項)。

決議について特別の利害関係を有する理事(以下「特別利害関係理事」といいます。)は、当該決議に加わることができません(同条5項)。

(2) 理事長の選定・解職と特別利害関係理事

理事長選定の決議の場合、理事長候補者は特別利害関係理事に含まれないと解されます。

一方、理事長解職の決議の場合、当該理事長は特別利害関係理事に該当す

ると考えられます（最判昭和44年3月28日民集23巻3号645頁参照）。

3　権限及び義務

(1)　権限

　理事長は、法人の業務を執行し（法45条の16第2項）、法人の業務に関する一切の裁判上又は裁判外の行為をする権限を有します（法45条の17第1項）。

　当該権限に加えた制限は、当該制限を知らない第三者に対して主張することができません（同条2項）。

(2)　義務

　理事長は、3か月に1回以上、自己の職務の執行の状況を理事会に報告しなければなりません。ただし、定款で毎会計年度に4か月を超える間隔で2回以上その報告をしなければならない旨を定めた場合は、定款の定めに従い報告すれば足ります（法45条の16第3項）。

4　法人の賠償責任

　法人は、理事長がその職務を行うについて第三者に加えた損害を賠償する責任を負います（法45条の17第3項、一般法人法78条）。

第5節　理事会

理事会の権限

理事会の権限を教えてください。

理事会の権限は次のとおりです（法45条の13第2項）。
① 法人の業務執行の決定
② 理事の職務の執行の監督
③ 理事長の選定及び解職
具体的な内容は解説で確認してください。

解説
1　業務執行の決定
　業務執行の決定とは、すなわち法人の経営の決定権限を有するということです。ただし、評議員会の権限を害することはできませんので、法令・定款で定められた評議員会の権限事項以外のすべての経営事項を決定できるということになります。
　理事会が定める規則等又は個別の決議によって、業務執行の決定を理事長その他の機関に委ねることができますが、「重要な業務執行の決定」を委任することはできません（同条4項）。

2　理事の職務の執行の監督
　理事会で業務執行の決定を行ったとしても、決定事項に基づいて実際に業務執行するのは個々の理事長や業務執行理事といった業務執行機関になります。そこで、業務執行機関が理事会の決定に基づいて、適切に職務遂行を行っているか否かの監督をすることが極めて重要になります。
　具体的には、理事長や業務執行理事などに対し、業務執行計画や執行状況について必要な報告や資料の提示を求めるなどして、理事会でその適否を検討・判断することによって行われます。

3　理事長の選定及び解職

　理事長は、社会福祉法人の業務に関する一切の裁判上又は裁判外の行為をする権限を有する必要的機関と位置付けられました（法45条の13第3項、45条の17第1項）が、その理事長の選定及び解職は、理事会の権限とされています。

理事会の招集方法

理事会の招集は誰が、どのように行えばよいのでしょうか。

理事会は、原則として各理事が招集しますが、定款で招集権者を定めた場合は、当該招集権者が招集することになります。
　理事及び監事の全員の同意がある場合を除き、原則として1週間前までに招集通知を発して理事会を招集します。

解説
第1　招集権者
1　理事による招集
（1）原則
　　　理事会は、各理事が招集することができます（法45条の14第1項）。

（2）招集権者を定めた場合
　ア　招集権者による招集
　　　定款又は理事会において、理事会を招集する理事（以下「招集権者」といいます。）を定めた場合には、招集権者が招集することになります（同条ただし書き）。

　イ　招集権者以外の理事による招集
　　　招集権者以外の理事は、招集権者に対して、理事会の目的である事項（理事会の議題と同義であり、決議事項と報告事項があります。）を示して、理事会の招集を請求（以下「理事による招集請求」といいます。）することができます（法45条の14第2項）。
　　　理事による招集請求の日から5日以内に、理事による招集請求の日から2週間以内の日を理事会の日とする招集通知が発せられない場合には、招集請求をした理事は、自ら理事会の招集をすることができます（同条3項）。

第2章　社会福祉法人の機関と運営

2　監事による招集

　監事は、理事が不正の行為をし、若しくは当該行為をするおそれがあると認めるとき、又は法令若しくは定款に違反する事実若しくは著しく不当な事実があると認める場合において、必要があると認めるときは、理事（招集権者を定めた場合には招集権者）に対し、理事会の招集を請求（以下「監事による招集請求」といいます。）することができます（法45条の18第3項、一般法人法101条2項）。

　監事による招集請求の日から5日以内に、監事による招集請求の日から2週間以内の日を理事会の日とする招集通知が発せられない場合には、招集請求をした監事は、自ら理事会の招集をすることができます（法45条の18第3項、一般法人法101条3項）。

第2　招集手続

1　招集通知

　理事会を招集する者は、理事会の日の1週間（これを下回る期間を定款で定めた場合にあっては、その期間）前までに、各理事及び各監事に対してその通知を発しなければなりません（法45条の14第9項、一般法人法94条1項）。株式会社における取締役会実務においては、定款で3日前までに短縮している例が多いとされています（江頭憲治郎『株式会社法（第6版）』414頁（有斐閣、2015））。

　通知の方法については法律上限定されていませんので、書面によることはもちろん、口頭や電話でも可能であり、会議の目的事項を特定することも要求されていません。

2　招集手続の省略

　上記1に拘らず、理事及び監事の全員の同意があるときは、招集の手続を省略することができます（法45条の14第9項、一般法人法94条2項）。

3　全員出席理事会

　法律上の規定はありませんが、理事及び監事の全員が出席する場合には、招集手続なくして理事会を開催できると解されます。

　しかし、法律上の規定がないことから所轄庁の監査で指摘される可能性は否定できないため、当面の間は、念のため招集手続の省略の同意をとってお

くのが無難だと思われます。

【招集通知例】

　　　　　　　　　　　　　　　　　　　　　　平成　年　月　日

　理事　各位
　監事　各位

　　　　　　　　　　　　　　　　　　　　●●県●●市●●
　　　　　　　　　　　　　　　　　　　　社会福祉法人　●●会
　　　　　　　　　　　　　　　　　　　　理事長　●●　●●

　　　　　　　　　　　　理事会招集ご通知

拝啓　時下ますますご清栄のこととお慶び申し上げます。
　さて、当法人理事会を下記のとおり開催いたしますので、ご出席くださいますようご通知申し上げます。
　　　　　　　　　　　　　　　　　　　　　　　　　　　　敬具

　　　　　　　　　　　　　　記
　　1．日時　平成●年●月●日（●曜日）午前●時●分
　　2．場所　●●県●●市●●
　　　　　　●●会館●階会議室
　　3．議題　●●●●の件
　　　　　　　　　　　　　　　　　　　　　　　　　　　　以上

第2章　社会福祉法人の機関と運営

招集通知に記載のない議題

招集通知に記載のない議題について、理事会で審議することはできますか。

理事会当日であっても、動議として議題が提出されれば、審議することができると考えられます。

解説
　法令上、理事会の招集通知に議題を記載することは求められていません。そのため、招集通知に議題を記載していない場合には、本質問のような問題は起こらず、全ての議題について審議できることになります。
　一方、実務上は、定款又は理事会運営規則等で、招集通知に議題を記載することとしている例もあろうかと思います。このような場合には、記載されていない議題を審議することができるかが問題となります。
　この点について、株式会社の取締役会に関する学説として、招集通知に会議の目的事項を明示した場合には、議題を見て欠席した取締役にとって不意打ちになることを理由として、取締役全員が出席した場合を除き、その通知に書かれていない事項は原則として決議することができないとするものがあります。
　しかし、理事は職務として理事会に出席する義務を負っていると解すべきであり、議題を見て欠席することは許されない上、理事会は業務執行に関するあらゆる事項について意思決定することが求められています。また、評議員会とは異なり、招集通知に議題を記載することが求められておらず、招集通知記載の議題以外の議題を決議してはならないとの規定もありません。更に、取締役会に関する裁判例ではありますが、定款に基づく取締役会規程により会議の目的事項を記載した書面で招集通知をなすことが要求されている場合であっても、そこに記載されていない目的事項について審議することを禁じていると解することはできないとしたものがあります（名古屋高判平成12年1月19日金判1087号18頁）。
　したがって、仮に招集通知に議題が記載されていたとしても、記載のない議題を動議として提出して審議することができると解されます。

業務執行の決定

Q43 業務執行の決定は全て理事会で行わなくてはならないのでしょうか。

業務執行の決定を理事等に委任することができますが、重要な業務執行の決定は理事に委任することができませんので、理事会で決議する必要があります。

解説

　理事会には広範な権限が与えられていますが、業務執行の決定の全てを理事会で行う必要はなく、理事に委任することもできます。しかし、理事の専横を防止する等の目的のため、「重要な業務執行の決定」は理事に委任できないとされており、委任できない事項が次のとおり例示列挙されています（法45条の13第4項各号）。

① 重要な財産の処分及び譲受け
② 多額の借財
③ 重要な役割を担う職員の選任及び解任
④ 従たる事務所その他の重要な組織の設置、変更及び廃止
⑤ 理事の職務の執行が法令及び定款に適合することを確保するための体制その他社会福祉法人の業務の適正を確保するために必要なものとして省令で定める体制（内部統制システム）の整備
⑥ 定款の定めに基づく理事、監事及び会計監査人の法人に対する責任の免除

1　重要な財産の処分及び譲受け

　「重要な財産」に該当するか否かは、一律の基準が存在するわけではなく、個別具体的に判断していかなくてはなりません。つまり、同じ100万円の財産を処分するという場合であっても、総資産100億円の法人と1,000万円の法人では、その財産の重要性は異なりますので、個別に判断せざるを得ないことになるのです。

　この点については、会社法における判例ではありますが、「重要な財産の処分に該当するかどうかは、当該財産の価額、会社の総資産に占める割合、保有目的、処分の態様、従来の取扱い等の事情を総合的に考慮して判断される。」（最判

第2章　社会福祉法人の機関と運営

平成6年1月20日民集48巻1号1頁）とされています。

「処分」には譲渡のみならず賃貸、寄付、債務免除など様々な類型が考えられること、「財産」には動産のみならず不動産や知的財産権も含まれること等から、上記判例で示された要素を総合的に考慮して、個別具体的に理事会の決議を経るべきか否かという観点から判断していく必要があります。

なお、「譲受け」には、不動産や動産の購入、賃借、設備投資などが含まれると考えられます。

2　「多額の借財」

「多額」か否かは、「重要な」と同様、法人毎に個別具体的に判断していくことになります。

「借財」には、金融機関などからの借り入れのみならず、債務保証、約束手形の振出し及びデリバティブ取引などのほか、リース契約もその内容によっては含まれると考えられますので、契約の名称にとらわれることなく、その実質から該当性を判断する必要があります。

3　「重要な役割を担う職員」

どの職員が「重要な役割を担う職員」に該当するかについて、法は当該文言以外に手掛かりとなる定義や条文を置いていないため、解釈で決するしかありません。

解釈に当たっては、会社法において選任及び解任に取締役会決議が必要とされている「重要な使用人」に関する議論が参考になると思われます。「重要な使用人」とは、支配人及びそれに準ずる重要性を有する使用人を意味し、重要性については、すべての会社にとって共通の画一的な基準があるわけではなく、その選任及び解任が会社の経営に重大な影響を与えるかどうかにつき、具体的事案において、会社の規模、業種、職制、経営組織、業務の態様、その使用人に与えられる実際の権限等を総合考慮して判断することとなります。そして、これらに該当するのは、一般的に役員を除いた各部門の最高位の使用人であると考えられています（東京弁護士会会社法部『新・取締役会ガイドライン（第2版）』164頁（商事法務、2016））。

会社法の上記の考え方からすれば、「重要な役割を担う職員」とは、法人の規模、業種、職制、経営組織、業務の態様、その使用人に与えられる実際の権限等を総合考慮して判断されることになり、具体的には施設長などが該当すると考え

られます。その他の職員については、上記の考慮要素から個別具体的に判断することになります。

4 「重要な組織設置、変更及び廃止」とは

「重要な組織」とは、「従たる事務所」に準ずる程度の重要性を有する法人内部の組織をいうと解され、具体的には専務理事などの役付理事や経営会議の設置などが該当すると考えられます。

5 内部統制システムの整備

Q45をご参照ください。

第2章　社会福祉法人の機関と運営

理事会の報告事項

理事会の報告事項には何がありますか。

法定の報告事項には次のものがあります。
① 理事長及び業務執行理事の職務執行状況の報告
② 理事の競業取引の報告
③ 理事の利益相反取引の報告
④ 監事による理事の不正行為等の報告

解説
1　報告事項
法律上、理事会への報告事項は次のとおりです。
① 理事長及び業務執行理事の職務執行状況の報告（法45条の16第3項）
② 理事の競業取引の報告（法45条の16第4項、一般法人法92条2項）
③ 理事の利益相反取引の報告（法45条の16第4項、一般法人法92条2項）
④ 監事による理事の不正行為等の報告（法45条の18第3項、一般法人法100条）

2　職務執行状況の報告
(1) 義務者
　　次に掲げる理事（以下「理事長等」といいます。）は、3月に1回以上（定款で毎会計年度に4月を超える間隔で2回以上とした場合はその規定に従い）自己の職務の執行の状況を理事会に報告しなければなりません（法45条の16第3項）。
　① 理事長
　② 理事長以外の理事であって、理事会の決議によって法人の業務を執行する理事として選定されたもの（本質問において「業務執行理事」といいます。）

(2) 報告頻度
　　「3月に1回以上」の意味は、報告の間隔が3か月以内ということですの

101

で、単純に四半期に1回報告すればよいわけではありません。つまり、ある理事会で報告をしたら、その日から3か月以内に開催される理事会で次の報告をする必要があります。

　一方、理事会に直ちに報告すべき緊急事態が発生した場合には、理事長及び業務執行理事は、本規定にとらわれることなく、適時に理事会を開催して報告すべきといえます。

3　競業取引、利益相反取引及び監事による報告

　Q37、38、55をご参照ください。

4　報告の省略

　理事及び監事の全員に対して、理事会に報告すべき事項を通知したときは、当該事項を理事会に報告することを省略することができます（法45条の14第9項、一般法人法98条1項）。

　ただし、理事長及び業務執行理事の職務執行状況の報告については、報告を省略することはできませんので注意が必要です（法45条の14第9項、一般法人法98条2項）。

第2章　社会福祉法人の機関と運営

内部統制システムの整備

一定規模以上の法人は、内部統制システムについて理事会決議が必要と聞きましたが、何を決議すればよいのでしょうか。

事業の規模が最終会計年度の収益30億円又は負債60億円を超える規模の法人については、いわゆる内部統制システムの「整備」について決議する必要があります。

解説

1　決議義務を負う法人

理事会は、「理事の職務の執行が法令及び定款に適合することを確保するための体制その他社会福祉法人の業務の適正を確保するために必要なものとして厚生労働省令で定める体制」（以下「内部統制システム」といいます。）の「整備」について理事に委任できず、理事会決議事項となります（法45条の13第4項5号）。

そして、事業の規模が最終会計年度の収益[※1]が30億円又は負債60億円[※2]を超える規模の法人においては、理事会で内部統制システムの「整備」について決議しなければなりません（同条5項、令13条の3）。

※1　収益とは
　　　前年度の決算における法人単位事業活動計算書中の「サービス活動増減の部」の「サービス活動収益計」の額
※2　負債とは
　　　前年度の決算における法人単位貸借対照表中の「負債の部」の「負債の部合計」の額

2　決議義務の内容

理事会で決議しなくてはならない事項は、内部統制システムの体制そのものではなく「整備」についてですので、いわゆる基本方針を決議すれば足ります。そのため、内部統制システムを設けないという決議をしたとしても、決議義務との関係では問題がありません。

3　法及び規則で定める体制

法及び規則で定められている内部統制システムの内容は次のとおりです（法45

条の13第4項5号、規則2条の16)。
① 理事の職務の執行が法令及び定款に適合することを確保するための体制
② 理事の職務の執行に係る情報の保存及び管理に関する体制
③ 損失の危険の管理に関する規程その他の体制
④ 理事の職務の執行が効率的に行われることを確保するための体制
⑤ 職員の職務の執行が法令及び定款に適合することを確保するための体制
⑥ 監事がその職務を補助すべき職員を置くことを求めた場合における当該職員に関する事項
⑦ ⑥の職員の理事からの独立性に関する事項
⑧ 監事の⑥の職員に対する指示の実効性の確保に関する事項
⑨ 理事及び職員が監事に報告をするための体制その他の監事への報告に関する体制
⑩ 前号の報告をした者が当該報告をしたことを理由として不利な取扱いを受けないことを確保するための体制
⑪ 監事の職務の執行について生ずる費用の前払い又は償還の手続その他の当該職務の執行について生ずる費用又は債務の処理に係る方針に関する事項
⑫ その他監事の監査が実効的に行われることを確保するための体制

4 具体的な作業内容

内部統制システムに関して法人が実際に行う作業は次のとおりです。
① 内部管理体制の現状把握
　内部管理状況の確認、内部管理に係る規程等の整備状況の確認
② 内部管理体制の課題認識
　現状把握を通じて、業務の適正を確保するために必要な体制と現状の体制を比較し、取り組むべき内容を決定
③ 内部管理体制の基本方針の決定
　法人の内部管理体制の基本方針について、理事会で決定
④ 基本方針に基づく内部管理体制の整備
　基本方針に基づいて、内部管理に係る必要な規程の策定及び見直し等

5 内部管理体制の基本方針例

厚生労働省が示した内部管理体制の基本方針例は次のとおりです。これは参考とすることができますが、法人ごとに事情は異なりますので、安易にこの例をそ

のまま決議すれば足りるわけではなりませんのでご注意ください。

【厚生労働省による内部管理体制の基本方針参考例】

内部管理体制の基本方針

本○○福祉会は、平成○○年○月○日、理事会において、理事の職務執行が法令・定款に適合すること、及び業務の適正を確保するための体制の整備に関し、本○○福祉会の基本方針を以下のとおり決定した。

1　経営に関する管理体制
  ①　理事会は、定時に開催するほか、必要に応じて臨時に開催し、法令・定款、評議員会の決議に従い、業務執行上の重要事項を審議・決定するとともに、理事の職務執行を監督する。
  ②　「理事会運営規則」及び「評議員会運営規則」に基づき、理事会及び評議員会の役割、権限及び体制を明確にし、適切な理事会及び評議員会の運営を行う。
  ③　業務を執行する理事等で組織する経営戦略等に関する会議体（以下「経営会議等」という。）を定期的又は臨時に開催し、業務執行上における重要事項について機動的、多面的に審議する。
  ④　「理事職務権限規程」に基づき、業務を執行する理事の担当業務を明確化し、事業運営の適切かつ迅速な推進を図る。
  ⑤　職務分掌・決裁権限を明確にし、理事、職員等の職務執行の適正性を確保するとともに、機動的な業務執行と有効性・効率性を高める。
  ⑥　評議員会、理事会、経営会議等の重要会議の議事録その他理事の職務執行に係る情報については、定款及び規程に基づき、適切に作成、保存及び管理する。
  ⑦　業務執行機関からの独立性を有する内部監査部門を設置し、業務の適正及び効率性を確保するため、業務を執行する各部の職務執行状況等を定期的に監査する。

2　リスク管理に関する体制
  ①　リスク管理に関し、体制及び規程を整備し、役割権限等を明確にする。
  ②　「個人情報保護方針」及び「個人情報保護に関する諸規程」に基づき、

個人情報の保護と適切な管理を行う。
③ 事業活動に関するリスクについては、法令や当協会内の規程等に基づき、職務執行部署が自律的に管理することを基本とする。
④ リスクの統括管理については、内部監査部門が一元的に行うとともに、重要リスクが漏れなく適切に管理されているかを適宜監査し、その結果について業務を執行する理事及び経営会議等に報告する。
⑤ 当会の経営に重大な影響を及ぼすおそれのある重要リスクについては、経営会議等で審議し、必要に応じて対策等の必要な事項を決定する。
⑥ 大規模自然災害、新型インフルエンザその他の非常災害等の発生に備え、対応組織や情報連絡体制等について規程等を定めるとともに、継続的な教育と定期的な訓練を実施する。

3 コンプライアンスに関する管理体制
① 理事及び職員が法令並びに定款及び当協会の規程を遵守し、確固たる倫理観をもって事業活動等を行う組織風土を高めるために、コンプライアンスに関する規程等を定める。
② 当会のすべての役職員のコンプライアンス意識の醸成と定着を推進するため、不正防止等に関わる役職員への教育及び啓発活動を継続して実施、周知徹底を図る。
③ 当会の内外から匿名相談できる通報窓口を常設して、不正の未然防止を図るとともに、速やかな調査と是正を行う体制を推進する。コンプライアンスに関する相談又は違反に係る通報をしたことを理由に、不利益な取扱いは行わない。
④ 内部監査部門は、職員等の職務執行状況について、コンプライアンスの観点から監査し、その結果を経営会議等に報告する。理事等は、当該監査結果を踏まえ、所要の改善を図る。

4 監査環境の整備（監事の監査業務の適正性を確保するための体制）
① 監事は、「監事監査規程」に基づき、公平不偏の立場で監事監査を行う。
② 監事は、理事会等の重要会議への出席並びに重要書類の閲覧、審査及び質問等を通して、理事等の職務執行についての適法性、妥当性に関する監査を行う。

③　監事は、理事会が決定する内部統制システムの整備について、その決議及び決定内容の適正性について監査を行う。
④　監事は、重要な書類及び情報について、その整備・保存・管理及び開示の状況など、情報保存管理体制及び情報開示体制の監査を行う。
⑤　監事の職務を補助するものとして、独立性を有するスタッフを配置する。
⑥　理事又は職員等は、当協会に著しい損害を与えるおそれのある事実又は法令、定款その他の規程等に反する行為等を発見した時は、直ちに理事長、業務執行理事並びに監事に報告する。
⑦　理事及び職員等は、職務執行状況等について、監事が報告を求めた場合には、速やかにこれに応じる。
⑧　理事長は、定期的に監事と会合を持つなどにより、事業の遂行と活動の健全な発展に向けて意見交換を図り、相互認識を深める。

理事会の決議方法

理事会を持ち回り決議や電話で行うことは可能でしょうか。可能な方法による場合、注意すべき点はありますか。

出席者が一堂に会するのと同等の相互に十分な議論を行うことができる方法であれば、テレビ会議や電話会議による開催は認められます。

一方、理事会決議の省略が認められる場合を除き、書面又は電磁的方法による議決権の行使、代理人による議決権の行使及び持ち回りによる議決権の行使は認められません。

テレビ会議や電話会議による開催の場合には、議事録に記載すべき事項が追加されますので注意が必要です。

解説
1 決議方法の可否

理事は、法人との委任契約に基づき、善良な管理者の注意をもってその職務を遂行する義務が課せられており（法38条、民法644条）、理事会は、このような理事が参集して相互に十分な討議を行うことによって意思決定を行う場であるため、理事会決議の省略（法45条の14第9項、一般法人法96条）が認められる場合を除き、書面又は電磁的方法による議決権の行使、代理人による議決権の行使及び持ち回りによる議決権の行使は認められません。

ただし、出席者が一堂に会するのと同等の相互に十分な議論を行うことができる方法であれば、テレビ会議や電話会議の方法による開催は認められます。

ここでいう電話会議とは、電話会議システムのようにシステム化されたものでなくとも、各理事の音声が即時に他の理事に伝わり、適時的確な意見表明が互いにできるのであれば、一般的な電話機のマイク及びスピーカーシステム機能、スカイプなどのインターネットを利用する手段を用いてもよいと解されます（東京弁護士会会社法部『新・取締役会ガイドライン（第2版）』388頁参照（商事法務、2016））。

一方、理事会の会場に設置された電話にスピーカーフォン機能などがなく、受話器を通してしかお互いの声が聞き取れない場合などのように、遠隔地にいる理事を含む各理事の発言が即時に他の全ての理事に伝わるような即時性と双方向性

が確保されない方法で行われた場合には、遠隔地にいる理事が出席したとは評価されないと考えられますのでご注意ください（福岡地判平成23年8月9日（平成21年（ワ）第4338号）参照）。

2　議事録記載事項

テレビ会議などで出席した理事がいる場合には、当該出席方法を議事録に記載する必要があります（規則2条の17第3項1号）。

また、上述のとおり、テレビ会議等での出席が認められるためには、即時・双方向に意思伝達をすることができる状況にあったことが必要であり、議事録にも、具体的な出席方法としてそのような状況を基礎づける事実の記載をすべきと考えられます。

【テレビ会議システムを使用した場合の議事録例】

平成●年度第●回理事会議事録

1　開催日時　平成●年●月●日（●曜日）　午後●時～午後●時
2　開催場所　当法人会議室
3　出席者　　理事●名中●名
　　　　　　　A、B、C、D、E、F
　　　　　　　（Cは、当法人●●施設会議室からテレビ会議によって出席）
　　　　　　監事●名中●名
　　　　　　　G、H
4　議題
　　第1号議案　●●の件
　　第2号議案　●●の件
　　報告事項　　●●の件
5　議事の経過の要領及びその結果

　定刻、当法人会議室及び当法人●●施設会議室における全理事及び全監事の出席が確認され、定款の定めにより●●理事長が議長となり、本理事会はテレビ会議システムを用いて開催する旨を宣言した。

　当法人のテレビ会議システムは、出席者の音声と画像が即時に他の出席者に伝わり、適時的確な意見表明が互いにできる仕組みとなっていることが確認されて、議事に入った。

　(1)第1号議案　●●の件
　　～ 以下省略 ～

　本日のテレビ会議システムを用いた理事会は、終始異常なく、議題の審議を全て終了したので、議長は、以上をもって全議題を終了した旨を述べ、午後●時●分閉会を宣し、解散した。

　上記議事の経過の要領及びその結果を明確にするため、この議事録を作成し、出席理事及び出席監事が記名押印する。

　　～ 以下省略 ～

理事会の議長

理事会の議長は決める必要がありますか。決める場合にはどのように決めればよいでしょうか。

法律上議長を定める必要はありませんが、運営上は定めるべきと考えられます。
選定方法についても法律上の定めはありませんが、①定款で定める、②理事会運営規則等で定める又は③理事の互選により定めることになります。

解説

1 議長の要否

法には理事会の議長に関する規定はなく、議長を定めることは求められていません（規則2条の17第3項8号では「議長が存するときは、議長の氏名」を議事録に記載することとされていますので、議長がいる場合といない場合が想定されています。）。したがって、議長を定めずに理事会の決議を行っても法律上問題になることはありません。

しかし、理事会の運営上は、議長がいる方が議事進行などをスムーズに行えるため、実務上は議長を定める例が大半になろうかと思います。

2 議長の選出方法

議長の選出方法についても法律の定めはありませんが、実務上は次の方法により議長を選出することになろうかと思います。
① 定款で定める。
　定款に「理事会の議長は、理事長とする。」などと規定することになります。
② 理事会運営規則等で定める。
　理事会の運営に関する規則を制定し、その規則の中で議長を定めることもできます。
③ 理事の互選で選出する。
　定款及び規則で定めを置かない場合には、理事の互選により選出することができます。

なお、①又は②の方法により議長を定める場合には、あらかじめ定めた議長に事故あるとき又は欠けたときのため、次順位に議長になるものを定めておくか、互選で選出する旨を定めておくと運営に支障が生じないでしょう。

理事会の議長と特別利害関係理事

決議について特別な利害関係を有する理事は、理事会の議長になることができますか。

明文の規定はありませんが、議長になれないと解されます。

解説

　決議について特別な利害関係を有する理事は定足数に含まれず、議決権をもたないことは明らかですが（法45条の14第5項、4項）、理事会の議長になれるか否かについては明文の規定がありません。

　そのため、解釈によることになりますが、議事進行が公正に行われるのであれば議長になっても問題ないと考えることもできなくありません。

　しかし、株式会社の取締役会に関する裁判例においては、「会議体の議長は議決権を有する当該構成員が務めるべきであるし、取締役会の議事を主宰して、その進行、整理にあたる議長の権限行使は、審議の過程全体に影響を及ぼしかねず、その態様いかんによっては、不公正な議事を導き出す可能性も否定できないのであるから、特別利害関係人として議決権を失い取締役会から排除される当該代表取締役は、当該決議に関し、議長としての権限も当然に喪失するものとみるべきである」（東京地判平成2年4月20日判時1350号138頁）とされています。

　特別な利害関係を有する理事に関する規定は、株式会社における規定と趣旨を同じくするものであり、上記裁判例の考え方は社会福祉法人の理事会にも当てはまるもの考えられます。

　そのため、決議について特別な利害関係を有する理事は、理事会の議長にはなれないと解されます。

特別利害関係理事の範囲

決議について特別な利害関係を有する理事とはどのような意味でしょうか。

特別の利害関係とは、特定の理事が、当該決議について、法人に対する忠実義務を誠実に履行することが定型的に困難と認められる個人的利害関係ないしは法人外の利害関係を意味すると解され、特別の利害関係の有無は決議ごとに個別に判断する必要があります。

解説

1 特別の利害関係とは

決議について特別の利害関係を有する理事（以下「特別利害関係理事」といいます。）は、理事会の定足数に含まれず、議決権を有しません（法45条の14第5項、4項）。

同様の規定が会社法にも存在するところ（会社法369条）、取締役について議決権行使が排除されるという事前予防措置がとられている理由は、取締役が会社のために忠実に職務を執行する義務を負っていること（会社法355条）の表れであり（江頭憲治郎『株式会社法（第6版）』416頁（有斐閣、2015））、会社法上の特別の利害関係とは、特定の取締役が、当該決議について、会社に対する忠実義務を誠実に履行することが定型的に困難と認められる個人的利害関係ないしは会社外の利害関係を意味すると解されています（落合誠一『会社法コンメンタール8（初版）』292頁（商事法務、2009））。

社会福祉法人の理事についても、取締役と同様に法人のために忠実に職務を執行する義務を負っているため（法45条の16第1項）、上記の解釈が当てはまるものと考えられます。そのため、社会福祉法上の特別の利害関係とは、特定の理事が、当該決議について、法人に対する忠実義務を誠実に履行することが定型的に困難と認められる個人的利害関係ないしは法人外の利害関係を意味すると解されます。

2 特別利害関係理事に該当する例

特別利害関係理事に該当する場合の代表的な例は次のとおりです。特別利害関

係理事に該当する場合は、これらに限られませんので、事案に応じて、利害関係の有無を適切に判断していく必要があります。
　①　利益相反取引の承認決議における取引を行う理事
　②　競業取引の承認決議における競業を行う理事
　③　理事長解職の決議における当該理事長
　④　法人に対する責任の一部免除の決議における対象となる理事

理事会決議の省略の要件

Q50 理事会決議の省略の要件と決議内容に制限があるのかを教えてください。

A 決議の省略の要件は次のとおりです。
① 理事会の決議の省略に関する定款の定めがあること
② 理事が理事会の決議の目的である事項について提案すること
③ 当該提案につき理事（当該事項について議決に加わることができるものに限る。）の全員が書面又は電磁的記録により同意の意思表示をしたこと
④ 監事が当該提案について異議を述べていないこと

決議事項について法令上の制限はありませんが、慎重な検討が必要な議題のような場合には書面決議を回避したほうがよい場合もあります。

解説

1 理事会決議の原則

(1) 要件

理事会の決議は、議決に加わることのできる理事の過半数（これを上回る割合を定款で定めた場合に合っては、その割合以上）が出席し、その過半数（これを上回る割合を定款で定めた場合にあっては、その割合以上）をもって行います（法45条の14第4項）。

「議決に加わることができる理事」とありますので、決議について特別の利害を有する理事（同条5項）は含まれません。つまり、理事が6人の場合、通常であれば4人以上の出席が要件となりますが、そのうちの1人が特別の利害を有する理事の場合には、3人以上の出席が要件となります。

(2) 理事の議決権の行使方法

理事には法人との委任契約に基づき善管注意義務が課せられていることから、議決権の行使については、理事相互が十分な討議を行って意思決定をすべきであり、書面又は電磁的方法による議決権の行使や代理人、持ち回りによる議決権の行使は認められません。ただし、テレビ会議や電話会議の方法

による開催は認められています。

2　理事会決議の省略
(1) 要件

以上の原則の例外として、次の全ての要件を満たすときは、当該提案を可決する旨の理事会の決議があったものとみなすことができます（法45条の14第9項、一般法人法96条）。

① 理事会の決議の省略に関する定款の定めがあること
② 理事が理事会の決議の目的である事項について提案すること
③ 当該提案につき理事（当該事項について議決に加わることができるものに限る。）の全員が書面又は電磁的記録により同意の意思表示をしたこと
④ 監事が当該提案について異議を述べていないこと

(2) 決議内容の制限

法令上、決議の省略によることができないとされる決議事項はありません。したがって、重要な決定であっても、又は緊急性のない決議であったとしても、決議の省略を行うこと自体は否定されていません。

ただし、理事の善管注意義務違反の判断においては、当該議題について時間をかけた慎重な検討がされたか否かが問題となり得ます。その意味においては、影響が大きく慎重な検討を要するような議題の場合には、安易に決議の省略を行うべきではないと考えられます。

理事会決議の省略の手続

理事会決議の省略の手続を教えてください。

実務的には、提案者である理事を含めた全ての理事（特別利害関係理事は除きます。）の同意を書面で取得した上、監事からも異議を述べない旨の確認書を取得しておく方法が望ましいです。

解説

1 理事の全員

　法令上、「当該提案につき理事（当該事項について議決に加わることができるものに限る。）の全員」の同意が必要とされています（法45条の14第9項、一般法人法96条）。この理事の全員に、特別利害関係理事が含まれないことは明確ですが、当該議題を提案した理事が含まれるかは文言上明確ではありません。自ら提案したのだから改めて同意を取得する必要はないと考えもありますが、除外してよいか明らかでない以上は、提案した理事からも同意を取得した方が無難といえます。

2 理事及び監事への提案書

　理事による理事会決議の目的である事項についての提案方法については、法令上の制限はありませんが、実務上は、決議の目的事項を記載した提案書を理事及び監事に送付することになると思われます。

3 理事からの同意書

　理事からの同意の意思表示は、書面又は電磁的記録によって行う必要がありますので、実務上は、提案書とともに同意書を理事に送付し、押印した上で返送してもらうことになると思われます。

4 監事からの確認書

　監事が異議を述べることができる期間については、法令上の制限がありません。そこで、実務上は、監事に対し、提案書とともに異議があるか否かを確認する確認書を送り、押印した上で返送してもらう方法がとられることになると思わ

第2章　社会福祉法人の機関と運営

れます。

5　決議があったとみなされる日

　理事の全員が同意の意思表示をしたときに、当該提案を可決する旨の理事会の決議があったものとみなされます。

　ここにいう「同意の意思表示をしたとき」とは、決議の省略に際して同意が必要とされる理事全員の意思表示が提案者に到達したとき（通常到達すべき時を含みます。）を指すと解されます（相澤哲『論点解説新・会社法』370頁（商事法務、2006）参照）。

　したがって、6人の理事から同意を取得する必要がある場合には、6人目の理事からの同意の意思表示が到達した日となります。

6　議事録の作成

　理事会の決議を省略した場合であっても、議事録の作成義務はあります。ただし、その場合の記載事項は、上記の決議が行われた場合と異なりますので、注意が必要です。

　決議を省略した場合の記載事項は次のとおりです（規則2条の17第4項1号）。

① 　理事会の決議があったものとみなされた事項の内容
② 　①の事項の提案をした理事の氏名
③ 　理事会の決議があったものとみなされた日[※1]
④ 　議事録の作成に係る職務を行った理事の氏名[※2]

　　※1　全ての理事の同意の意思表示が法人に到達した日になります。
　　※2　特段の定めはありませんが、提案を行った理事になることが多いかと思われます。

【理事への提案書例】

年　月　日

理事　各位

社会福祉法人　●●●
理事長　●●●

理事会にかかる提案書

拝啓　ますますご清祥のこととお慶び申し上げます。
　さて当法人理事会にかかる決議事項につきましては下記のとおりでございますが、当該事項につきましては、当法人の全理事から別紙「理事会決議事項についての同意書」の押印欄への押印によりご同意を頂き、かつ、監事から異議がなかった場合には、社会福祉法45条の14第9項、一般社団法人及び一般財団法人に関する法律96条及び当法人定款●条の規定に基づき、当該議案を承認する理事会の決議があったものとみなし、理事会を開催しないこととさせて頂きたく存じます。つきましては、議案にご同意頂ける場合には、上記別紙押印欄にご押印の上、ご提出くださいますようお願い申し上げます。

記

第1号議案　●●の件

以　上

【同意書例】

　　社会福祉法人●●　御中

　　　　　　　理事会決議事項についての同意書

　私は、当法人の理事として、社会福祉法45条の14第9項、一般社団法人及び一般財団法人に関する法律96条及び当法人定款●条の規定に基づき、　年　月　日付「理事会にかかる提案書」記載の理事決議事項にかかる提案の内容につき、同意いたします。

　　年　月　日

　　　　　　　　　　　　　　　　　　　　　　　社会福祉法人●●●
　　　　　　　　　　　　　　　　　　　　　　　理事　●●　●●

【確認書例】

社会福祉法人●●　御中

　　　　　　　理事会決議事項についての確認書

　私は、当法人の監事として、社会福祉法45条の14第9項、一般社団法人及び一般財団法人に関する法律96条及び当法人定款●条の規定に基づき、　年　月　日付「理事会にかかる提案書」記載の理事会決議事項にかかる提案の内容につき、異議はありません。

　　年　月　日

　　　　　　　　　　　　　　　　　　　　　　　　　社会福祉法人●●
　　　　　　　　　　　　　　　　　　　　　　　　　監事　●●　●●

【決議を省略した場合の議事録例】

平成●年度第●回理事会議事録

1．理事会の決議があったものとみなされる日
　　平成●年●月●日（●曜日）

2．決議事項を提案した理事
　　理事長　〇〇〇〇

3．議事録の作成にかかる職務を行った理事
　　理事長　〇〇〇〇

4．理事会の決議があったものとみなされる事項の内容
　　第1号議案　●●の件
　　～　以下省略　～

　平成●年●月●日、理事長〇〇〇〇が理事及び監事に対して上記理事会の決議の目的である事項についての提案を行い、当該提案につき、理事全員から書面による同意の意思表示を得、かつ、監事からの異議がないので、社会福祉法45条の14第9項、一般社団法人及び一般財団法人に関する法律96条及び当法人定款●条の規定に基づき、決議事項を可決する旨の理事会の決議があったものとみなされた。

　上記のとおり理事会の決議の省略を行ったので、社会福祉法45条の14第9項、一般社団法人及び一般財団法人に関する法律96条及び当法人定款●条の規定に基づき、理事会の決議があったものとみなされた事項を明確にするため、本議事録を作成し、議事録の作成にかかる職務を行った理事が次に記名押印する。

　　平成●年●月●日

社会福祉法人●●
理事長　〇〇〇〇　㊞

理事会の議事録

理事会の議事録の記載事項を教えてください。

理事会の議事録に記載すべき事項は解説記載のとおりです。必要な記載事項を記載しない場合には罰則の対象となりますので、漏れがないようにする必要があります。

解説
1　議事録作成義務と記載事項

　理事会の議事については、「厚生労働省令で定めるところにより、議事録を作成し」なければならないとされているため、理事会が開催された場合には、必ず議事録を書面又は電磁的記録をもって作成する必要があります（法45条の14第6項、規則2条の17第2項）。

　議事録に記載しなくてはならない事項は次のとおりです（規則2条の17第3項）。

① 　理事会が開催された日時及び場所（当該場所に存しない理事、監事又は会計監査人が理事会に出席した場合における当該出席の方法を含む。）
② 　理事会が次に掲げるいずれかのものに該当するときは、その旨
　　ⅰ 　招集権者がいる場合に招集権者以外の理事の請求を受けて招集されたもの
　　ⅱ 　ⅰの請求により招集されないためその請求した理事が招集したもの
　　ⅲ 　理事会への報告義務による監事の請求を受けて招集されたもの
　　ⅳ 　ⅲの請求により招集されないため監事が招集したもの
③ 　理事会の議事の経過の要領及びその結果
④ 　決議を要する事項について特別の利害関係を有する理事があるときは、当該理事の氏名
⑤ 　次に掲げる規定により理事会において述べられた意見又は発言があるときは、その意見又は発言の内容の概要
　　ⅰ 　競業取引又は利益相反取引をした理事の取引後の当該取引についての重要な事実の報告
　　ⅱ 　監事の理事による不正の行為等の報告

ⅲ　出席監事の意見
⑥　議事録に署名し又は記名押印しなければならない者を当該理事会に出席した理事長とする定款の定めがあるときは、理事長以外の理事であって、理事会に出席したものの氏名
⑦　理事会に出席した会計監査人の氏名又は名称
⑧　理事会の議長が存するときは、議長の氏名

2　署名又は記名押印すべき者

　議事録を書面をもって作成する場合には、出席した理事（定款で出席した理事長とする定めがある場合には理事長）及び監事は、当議事録に署名し、又は記名押印しなければなりません（法45条の14第6項）。
　なお、決議を省略した場合については、会議に出席した理事及び監事が存在しないため、理事及び監事の書名又は記名押印は不要であると解されます。

3　決議の省略をした場合の議事録の記載事項

　理事会の決議を省略した場合であっても、議事録の作成義務はあります。ただし、その場合の記載事項は、上記の決議が行われた場合と異なりますので、注意が必要です。
　決議を省略した場合の記載事項は次のとおりです（規則2条の17第4項1号）。
①　理事会の決議があったものとみなされた事項の内容
②　①の事項の提案をした理事の氏名
③　理事会の決議があったものとみなされた日[※1]
④　議事録の作成に係る職務を行った理事の氏名[※2]
　　※1　全ての理事の同意の意思表示が法人に到達した日になります。
　　※2　特段の定めはありませんが、提案を行った理事になることが多いかと思われます。

4　備え置き

　作成した議事録は、理事会の日から10年間、主たる事務所に備え置かなければなりません（法45条の15第1項）。

5　罰則

　議事録に記載すべき事項を記載せず、又は虚偽の記載をしたとき（法133条5

号）、議事録を備え置かなかったとき（同条6号）、正当な理由がないのに議事録の閲覧・謄写を拒んだとき（同条3号）は、理事、評議員及び監事などは、20万円以下の過料に処せられます。

第2章　社会福祉法人の機関と運営

【理事会議事録例】

平成●年度第●回理事会議事録

1　開催日時　平成●年●月●日（●曜日）　午後●時～午後●時
2　開催場所　当法人会議室
3　出席者　　理事●名中●名
　　　　　　　A、B、C、D、E、F
　　　　　　監事●名中●名
　　　　　　　G、H
4　議題
　第1号議案　　●●の件
　第2号議案　　●●の件
　報告事項　　　●●の件
5　議事の経過の要領及びその結果
　定刻、定款の定めにより●●理事長が議長となり、開会を宣し、本理事会は定款●条の規定に定める定足数を満たしている旨を告げ、議事に入った。
　(1)第1号議案　　●●の件
　　～　以下省略　～

6　報告事項
　～　以下省略　～

　上記議事の経過の要領及びその結果を明確にするため、この議事録を作成し、出席理事及び出席監事が記名押印する。

　　平成●年●月●日

　　　　　　　　　　　　　　　社会福祉法人●●会　理事会
　　　　　　　　　　　　　　　理事長　A　㊞
　　　　　　　　　　　　　　　理事　　B　㊞
　　　　　　　　　　　　　　　～　以下省略　～

特別利害関係理事がいる場合の議事録

決議について特別な利害関係を有する理事がいる場合、議事録を作成する上で注意する点はありますか。

特別利害関係理事の氏名を記載した上、当該理事が決議に加わっていない旨を議事録上明確にしておく必要があります。

解説

特別利害関係理事は、理事会の定足数に含まれず、議決権を有しません（法45条の14第5項、4項）。

そのため、特別利害関係理事が利害関係を有する議題について定足数に算入しないこと及び決議に加わっていない旨を議事録上も明確にしておく必要があります。議事録において、特別利害関係理事が決議に加わっていないことが明確でない場合、事後的に理事会決議の効力に疑義が生じるおそれがあります。

更に、特別利害関係理事がいる場合には、議事録に当該理事の氏名を記載する必要があります（規則2条の17第3項4号）。

【特別利害関係理事がいる場合の議事録記載例】

平成●年度第●回理事会議事録

1　開催日時　平成●年●月●日（●曜日）　午後●時～午後●時
2　開催場所　当法人会議室
3　出席者　　理事●名中●名
　　　　　　　　A、B、C、D、E、F
　　　　　　監事●名中●名
　　　　　　　　G、H
4　議題
　第1号議案　●●の件
　第2号議案　●●の件
5　議事の経過の要領及びその結果
　定刻、定款の定めにより●●理事長が議長となり、開会を宣し、本理事会は定款第●条の規定に定める定足数を満たしている旨を告げ、議事に入った。

　第1号議案　●●の件
　　議長は、第1号議案を上程し、議長の指名により●●理事から●●との説明がなされた。
　　これに対して、●●理事からは●●との意見が述べられた。
　　以上の後、議長が議場に諮ったところ、出席理事全員異議なく承認可決した。
　　なお、理事Bは、本議案につき特別な利害関係を有するため、本議案の審議及び決議に参加しなかった。

　第2号議案　●●の件
　　～　以下省略　～

第6節　監事

監事の選任等

Q54 監事の人数は何人必要になりますか。監事の選任手続や、人選にあたっての留意事項を教えてください。

A 監事は2人以上設置する必要があり、評議員会の決議により選任します。また、欠格事由や兼職の禁止など資格制限が規定されているほか、監事に含まれなければならない者が規定されており、人選にあたり留意する必要があります。

解説
1　選任の手続
(1)　選任機関

　監事は、評議員会の決議により、2人以上選任する必要があります（法43条1項、法44条3項）。

(2)　選任手続
　ア　監事選任議案について

　　評議員会の議案は、理事会の決議により決定する必要があります（法45条の9第10項、一般法人法181条）。

　　理事は、監事が選任されている場合において、監事の選任に関する議案を評議員会に提出するには、監事の過半数の同意を得る必要があります（法43条3項、一般法人法72条1項）。

　イ　選任決議について

　　評議員会の決議は、議決に加わることができる評議員の過半数（これを上回る割合を定款で定めた場合にあっては、その割合以上）が出席し、その過半数（これを上回る割合を定款で定めた場合にあっては、その割合以上）をもって行います（法45条の9第6項）。

第2章　社会福祉法人の機関と運営

2　監事の資格

(1)　欠格事由

次に掲げる者は監事になることができません（法44条1項、40条1項）。

① 　法人
② 　成年被後見人又は被保佐人
③ 　生活保護法、児童福祉法、老人福祉法、身体障害者福祉法又は社会福祉法の規定に違反して刑に処せられ、その執行を終わり、又は執行を受けることがなくなるまでの者
④ 　③に該当する者を除くほか、禁錮以上の刑に処せられ、その執行を終わり、又は執行を受けることがなくなるまでの者
⑤ 　所轄庁の解散命令により解散を命ぜられた社会福祉法人の解散当時の理事及び監事

(2)　兼職禁止

監事は、理事や当該社会福祉法人の職員を兼ねることができません（法44条2項）。社会福祉法人の顧問税理士は、「職員」ではないものの、計算書類や帳簿の作成業務を行っている場合、いわゆる自己監査となりかねないため、監事に選任することは適当ではないと考えられます。

(3)　理事及び監事と特殊の関係を有する者の就任禁止

各理事及び各監事について、その配偶者又は3親等以内の親族その他各役員と規則で定める特殊の関係がある者は監事に就任することができません（法44条7項）。

規則で定める特殊の関係がある者は、次のとおりです（規則2条の11）。

① 　当該理事及び監事と婚姻の届出をしていないが事実上婚姻関係と同様の事情にある者
② 　当該理事及び監事の使用人
③ 　当該理事及び監事から受ける金銭その他の財産によって生計を維持している者
④ 　②③に掲げる者の配偶者
⑤ 　①から③までに掲げる者の3親等内の親族であって、これらの者と生計を一にするもの
⑥ 　当該理事が役員（法人でない団体で代表者又は管理人の定めのあるも

のにあっては、その代表者又は管理人。以下、同様。）若しくは業務を執行する社員である他の同一の団体（社会福祉法人を除く。）の役員、業務を執行する社員又は職員（当該他の同一の団体の役員、業務を執行する社員又は職員である当該社会福祉法人の監事の総数の当該社会福祉法人の監事の総数のうちに占める割合が、3分の1を超える場合に限る。）

⑦ 当該監事が役員若しくは業務を執行する社員である他の同一の団体（社会福祉法人を除く。）の役員若しくは業務を執行する社員又は職員（当該監事及び当該他の同一の団体の役員、業務を執行する社員又は職員である当該社会福祉法人の監事の合計数の当該社会福祉法人の監事の総数のうちに占める割合が、3分の1を超える場合に限る。）

⑧ 他の社会福祉法人の理事又は職員（当該他の社会福祉法人の評議員となっている当該社会福祉法人の評議員及び役員の合計数が、当該他の社会福祉法人の評議員の総数の半数を超える場合に限る。）

⑨ 次に掲げる団体（※）の職員のうち国会議員又は地方公共団体の議会の議員でない者（当該団体の職員（国会議員又は地方公共団体の議会の議員である者を除く。）である当該社会福祉法人の監事の総数の当該社会福祉法人の監事の総数のうちに占める割合が、3分の1を超える場合に限る。）

 ア 国の機関
 イ 地方公共団体
 ウ 独立行政法人通則法（平成11年法律第103号）第2条1項に規定する独立行政法人
 エ 国立大学法人法（平成15年法律第112号）第2条1項に規定する国立大学法人又は同条3項に規定する大学共同利用機関法人
 オ 地方独立行政法人法（平成15年法律第118号）第2条1項に規定する地方独立行政法人
 カ 特殊法人（特別の法律により特別の設立行為をもって設立された法人であって、総務省設置法（平成11年法律第91号）第4条1項9号の規定の適用を受けるものをいう。）又は認可法人（特別の法律により設立され、かつ、その設立に関し行政官庁の認可を要する法人をいう。）

第2章　社会福祉法人の機関と運営

3　監事に含まれなければならない者

(1)　社会福祉事業について識見を有する者（法44条5項1号）

　社会福祉法人審査要領第3(1)において、次の者が、「社会福祉事業について学識経験を有する者」の例示とされていたことが参考になると考えられます。

①　社会福祉に関する教育を行う者
②　社会福祉に関する研究を行う者
③　社会福祉事業又は社会福祉関係の行政に従事した経験を有する者
④　公認会計士、税理士、弁護士等、社会福祉事業の経営を行う上で必要かつ有益な専門知識を有する者

(2)　財務管理について識見を有する者（法44条5項2号）

　平成28年11月11日付「『社会福祉法人の認可について』の一部改正について」（厚生労働省雇用均等・児童家庭局長、社会・援護局長、老健局長連名通知）により、「監事には、公認会計士又は税理士を登用することが望ましいこと。」（第3、4(5)）と規定されたことが参考になると考えられます。

監事の職務・権限・義務

監事の職務内容、権限、義務について教えてください。

監事の職務は、主に理事の職務執行や計算書類を監査し、監査報告を作成することです。そのほか、理事と社会福祉法人との間の訴えにおいて法人を代表します。このような職務を遂行するための権限として、監事には、①業務財産調査権、②理事会招集請求権、③理事の違法行為差止請求権などが認められています。

解説
1 監事の職務内容について
 (1) 理事の職務執行及び計算書類の監査

監事には、理事の職務執行の監査や、貸借対照表、収支計算書及び事業報告並びにこれらの附属明細書の監査を行い、監査報告書を作成することが求められています（法45条の18第1項、法45条の28第1項）。

監査報告の内容は、会計監査人を設置しているか否かにより異なります。
 ア　会計監査人を設置していない社会福祉法人の監査報告の内容（規則2条の27）
   ①　監事の監査の方法及びその内容
   ②　計算関係書類が当該社会福祉法人の財産、収支及び純資産の増減の状況を全ての重要な点において適正に表示しているかどうかについての意見
   ③　監査のため必要な調査ができなかったときは、その旨及びその理由
   ④　追記情報※
   ⑤　監査報告を作成した日
     ※次に掲げる事項その他の事項のうち、監事の判断に関して説明を付す必要がある事項又は計算関係書類の内容のうち強調する必要がある事項をいいます。
       ⅰ　会計方針の変更
       ⅱ　重要な偶発事象
       ⅲ　重要な後発事象

イ　会計監査人を設置している社会福祉法人の監事の監査報告の内容（規則2条の31）
　　① 監事の監査の方法及びその内容
　　② 会計監査人の監査の方法又は結果を相当でないと認めたときは、その旨及びその理由（会計監査人が監査報告を通知しない場合にあっては、会計監査報告を受領していない旨）
　　③ 重要な後発事象（会計監査報告の内容となっているものを除く。）
　　④ 会計監査人の職務の遂行が適正に実施されることを確保するための体制に関する事項
　　⑤ 監査のため必要な調査ができなかったときは、その旨及びその理由
　　⑥ 監査報告を作成した日

(2) 理事と社会福祉法人との間の訴えにおける法人の代表
　　法人が理事（理事であった者を含みます。）に対し、又は理事が法人に対して訴えを提起する場合には、当該訴えについては、監事が法人を代表します（法45条の18第3項、一般法人法104条1項）。

2　監事の権限について

(1) 業務財産調査権（法45条の18第2項）
　　監事は、いつでも、理事及び当該法人の職員に対して事業の報告を求め、又は当該法人の業務及び財産の状況の調査をすることができます（法45条の18第2項）。

(2) 理事会招集請求権・理事会招集権
　　監事は、理事が不正の行為をし、若しくは当該行為をするおそれがあると認めるとき、又は法令若しくは定款に違反する事実若しくは著しく不当な事実があると認めるときは、遅滞なく、その旨を理事会に報告しなければなりません（法45条の18第3項、一般法人法100条）。
　　監事は、この場合、必要があると認めるときは、理事（理事会を招集する理事を定款又は理事会で定めたときは、その理事）に対し、理事会の招集を請求することができます（理事会招集請求権・法45条の18第3項、一般法人法101条2項）。
　　監事の請求があった日から5日以内に、その請求があった日から2週間以

内の日を理事会の日とする理事会の招集の通知が発せられない場合は、その請求をした監事は、理事会を招集することができます（理事会招集権・法45条の18第3項、一般法人法101条3項）。

(3) 理事の違法行為差止請求権（法45条の18第3項、一般法人法103条1項）
　　監事は、理事が法人の目的の範囲外の行為その他法令若しくは定款に違反する行為をし、又はこれらの行為をするおそれがある場合において、当該行為によって法人に著しい損害が生ずるおそれがあるときは、当該理事に対し、当該行為をやめることを請求することができます。

(4) 会計監査報告請求権
　　監事は、その職務を行うため必要があるときは、会計監査人に対し、その監査に関する報告を求めることができます（法45条の19第6項、一般法人法108条2項）。

3　監事の義務について

(1) 理事会への出席義務
　　監事は、理事会に出席し、必要があると認めるときは、意見を述べなければなりません（法45条の18第3項、一般法人法101条1項）。

(2) 理事会への報告義務
　　監事は、理事が不正の行為をし、若しくは当該行為をするおそれがあると認めるとき、又は法令若しくは定款に違反する事実若しくは著しく不当な事実があると認めるときは、遅滞なく、その旨を理事会に報告しなければなりません（法45条の18第3項、一般法人法100条）。

(3) 評議員会における説明義務
　　監事は、評議員会において、評議員から特定の事項について説明を求められた場合には、当該事項について必要な説明をしなければなりません。
　　ただし、次の場合には説明義務を負いません（法45条の10ただし書き）。
　① 当該事項が評議員会の目的である事項に関しないものである場合
　② その他正当な理由がある場合として規則2条の14で定める次の場合
　　　i 評議員が説明を求めた事項について説明をするために調査をする必要

があり、かつ、次に掲げるいずれの場合にも該当しない場合
　　ア　当該評議員が評議員会の日より相当の期間前に当該事項を法人に対して通知した場合
　　イ　当該事項について説明をするために必要な調査が著しく容易である場合
　ⅱ　評議員が説明を求めた事項について説明をすることにより法人その他の者（当該評議員を除く）の権利を侵害することとなる場合
　ⅲ　評議員が当該評議員会において実質的に同一の事項について繰り返して説明を求める場合
　ⅳ　ⅰからⅲに掲げる場合のほか、評議員が説明を求めた事項について説明をしないことにつき正当な理由がある場合

(4)　評議員会への報告義務

　監事は、理事が評議員会に提出しようとする議案、書類、電磁的記録その他の資料を調査しなければなりません。この場合において、法令若しくは定款に違反し、又は著しく不当な事項があると認めるときは、その調査の結果を評議員会に報告しなければなりません（法45条の18第3項、一般法人法102条、規則2条の20）。

監事の欠員時の対応

監事に欠員が出てしまったのですが、どうすればよいのでしょうか。

定款で定めた監事の員数の3分の1を超える者が欠けたときは、遅滞なく補充する必要があります。遅滞なく補充することができないときは、一時職務代行者を選任する方法もあります。

また、補欠の監事を選任しておくことで欠員が出たときに備えることができます。

解説

1　監事の欠員について

　法又は定款で定めた監事の員数が欠けることを、監事の欠員といいます。定款で定めた監事の員数の3分の1を超える者が欠けたときは、遅滞なく補充する必要があります（法45条の7）。

2　任期の満了又は辞任により退任した監事の責任

　任期の満了又は辞任により退任した監事は、新たに選任された監事（一時役員の職務を行うべき者を含みます。）が就任するまで、なお監事としての権利義務を有します（法45条の6第1項）。すなわち、理事会への出席義務等を引き続き負い、これらの義務に違反し、法人に損害が生じた場合には、法人に対し、任務懈怠責任を負う可能性があります。

3　一時職務代行者の選任

　監事は、評議員会の普通決議により選任する必要があります。しかし、それまでの間、事務が遅滞することにより損害を生ずるおそれがあるときは、所轄庁は、利害関係人の請求により又は職権で、一時役員の職務を行うべき者を選任することができます（法45条の6第2項）。

　「利害関係人」には、当該法人の評議員、役員、会計監査人、職員、債権者等が該当すると考えられます。

4　補欠の選任

　監事の欠員が生じたときに備えて、評議員会の決議により、補欠の監事を選任することができます（法43条2項）。補欠の役員の選任に係る決議が効力を有する期間は、定款に別段の定めがある場合を除き、当該決議後最初に開催する定時評議員会の開始の時までとなりますが、評議員会の決議によってその期間を短縮することができます（規則2条の9第3項）。

　また、補欠の監事を選任するには、以下の事項を合わせて決定する必要があります（規則2条の9第2項）。

① 当該候補者が補欠の役員である旨
② 当該候補者を1人又は2人以上の特定の役員の補欠の役員として選任するときは、その旨及び当該特定の役員の氏名
③ 同一の役員（2人以上の役員の補欠として選任した場合にあっては、当該2人以上の役員）につき2人以上の補欠の役員を選任するときは、当該補欠の役員相互間の優先順位
④ 補欠の役員について、就任前にその選任の取消しを行う場合があるときは、その旨及び取消しを行うための手続

監事の損害賠償責任

Q57 社会福祉法では、監事の損害賠償責任が規定されたと聞きました。その内容を説明してください。役員報酬を得ていない監事は責任を免れることはできますか。

A 改正社会福祉法では、監事の任務懈怠責任として、法人及び第三者に対する損害賠償責任が規定されました。報酬を得ていないことのみをもって、直ちに責任を免れることは難しいと考えられます。

解説

1 法人に対する損害賠償責任について

(1) 損害賠償責任

監事が、その任務を怠ったときは、法人に対し、これによって生じた損害を賠償する責任を負います(法45条の20第1項)。

(2) 責任の免除

ア 総評議員の同意による全部免除

総評議員の同意により、免除することができます(法45条の20第4項、一般法人法112条)。

イ 評議員会の特別決議による一部免除

(ｱ) 免除額

当該監事が職務を行うにつき善意でかつ重大な過失がないときは、次の額を限度として、評議員会の特別決議によって免除することができます(法45条の20第4項、一般法人法113条1項)。

免除限度額 = 賠償の責任を負う額 − 最低責任限度額

最低責任限度額 = (当該監事がその在職中に法人から職務執行の対価として受け、又は受けるべき財産上の利益の1年間当たりの額に相当する額として規則で定める方法により算定される額) × 2

規則で定める方法により算定される額は、①と②の合計額です（規則2条の23）。
① 監事がその在職中に報酬、賞与その他の職務執行の対価として法人から受け、又は受けるべき財産上の利益（※1）の額の会計年度（※2）ごとの合計額（※3）のうち最も高い額
② イに掲げる額をロに掲げる数で除して得た額
　イ　次に掲げる額の合計額
　(i)　当該監事が当該社会福祉法人から受けた退職慰労金の額
　(ii)　(i)に掲げるものの性質を有する財産上の利益の額
　ロ　監事がその職に就いていた年数（2年を超える場合には、2）
※1　②を除きます。
※2　評議員会の特別決議による一部免除の決議をした日を含む会計年度及びその前会計年度
※3　当該会計年度の期間が1年でない場合にあっては、当該合計額を1年当たりの額に換算した額

(イ)　評議員会における情報の開示
　監事は、評議員会において次に掲げる事項を開示しなければなりません（法45条の20第4項、一般法人法113条2項）。
　①　責任の原因となった事実及び賠償の責任を負う額
　②　免除することができる額の限度及びその算定の根拠
　③　責任を免除すべき理由及び免除額

ウ　定款の規定に基づく理事会の決議による一部免除
(ア)　定款の規定
　監事が職務を行うにつき善意でかつ重大な過失がない場合において、責任の原因となった事実の内容、当該監事の職務の執行の状況その他の事情を勘案して特に必要と認めるときは、免除限度額を限度として理事会の決議によって免除することができる旨を定款で定めることができます（法45条の20第4項、一般法人法114条1項）。
(イ)　評議員への通知
　定款の定めに基づいて監事の責任を免除する旨の理事会の決議を行ったときは、理事は、遅滞なく、上記「評議員会における情報の開示」記載の3点及び責任を免除することに異議がある場合には一定の期間内（ただし1か月を下回ることはできません。）に当該異議を述べるべき旨

　　　　を評議員に通知しなければなりません（法45条の20第4項、一般法人法114条3項、113条2項）。
　　(ウ)　評議員による異議
　　　　総評議員の10分の1（これを下回る割合を定款で定めた場合にあっては、その割合）以上の評議員が期間内に異議を述べたときは、責任の免除をすることができません（法45条の20第4項、一般法人法114条4項）。

　エ　定款の規定に基づく責任限定契約による一部免除
　　(ア)　定款の規定
　　　　監事が職務を行うにつき善意でかつ重大な過失がないときは、定款で定めた額の範囲内であらかじめ法人が定めた額と最低責任限度額とのいずれか高い額を責任の限度とする旨の契約を締結することができる旨を定款で定めることができます（法45条の20第4項、一般法人法115条1項）。
　　　　ただし、契約を締結した監事が当該法人の業務執行理事又は使用人に就任したときは、この契約は、将来に向かってその効力を失います（法45条の20第4項、一般法人法115条2項）。
　　(イ)　評議員会における情報の開示
　　　　責任限定契約を締結した法人が、当該契約の相手方である監事が任務を怠ったことにより損害を受けたことを知ったときは、その後最初に招集される評議員会において次に掲げる事項を開示しなければなりません（法45条の20第4項、一般法人法115条4項）。
　　　　①　責任の原因となった事実及び賠償の責任を負う額
　　　　②　免除することができる額の限度及びその算定の根拠
　　　　③　責任限定契約の内容及び同契約を締結した理由
　　　　④　損害のうち、監事が賠償する責任を負わないとされた額

(3)　免除後の手続
　　次の場合には、責任を一部免除した当該監事に対し退職慰労金等の財産上の利益を与えるときは、評議員会の承認を受けなければなりません（法45条の20第4項、一般法人法113条4項、114条5項、115条5項）。
　　①　上記評議員会の特別決議があった場合

②　上記理事会の決議があった場合
③　上記責任限定契約に基づき、監事が、責任限度額を超える部分について損害を負わないとされた場合

2　第三者に対する損害賠償責任について

　監事がその職務を行うについて悪意又は重大な過失があったときは、当該監事は、これによって第三者に生じた損害を賠償する責任を負います（法45条の21第1項）。

　また、監査報告に記載し、又は記録すべき重要な事項についての虚偽の記載又は記録をしたときについても同様に、第三者に対する損害賠償責任を負います。ただし、監事が注意を怠らなかったことを証明したときは、この限りではありません（法45条の21第2項2号）。

3　連帯責任

　監事が法人又は第三者に生じた損害を賠償する責任を負う場合において、他の理事、監事、会計監査人又は評議員も当該損害を賠償する責任を負うときは、これらの者は、連帯債務者になります（法45条の22）。

第7節 会計監査人

会計監査人の選任

会計監査人の設置が義務付けられる「特定社会福祉法人」の範囲や、会計監査人を選任するための手続について教えてください。

会計監査人の設置が義務付けられる「特定社会福祉法人」の範囲は、平成29年度においては、収益30億円を超える法人又は負債60億円を超える法人であり、段階的に拡大することが予定されています。

会計監査人は、評議員会の決議によって選任します。選任議案の内容は、監事の過半数により決定する必要があることに留意が必要です。

解説
1 会計監査人の設置義務について

改正前社会福祉法においては、全ての法人で会計監査人の設置は任意とされていました。しかし、改正社会福祉法のもとでは、「特定社会福祉法人」においては、会計監査人の設置が義務付けられました（法37条）。

2 特定社会福祉法人

特定社会福祉法人とは、最終会計年度における社会福祉事業並びに公益事業及び収益事業による経常的な収益の額が30億円を超える法人又は最終会計年度に係る貸借対照表の負債の部に計上した額の合計額が60億円を超える法人をいいます（令13条の3）。特定社会福祉法人の範囲は、平成29年度以降、段階的に拡大することが予定されています（厚生労働省第19回社会保障審議会福祉部会資料「社会福祉法等の一部を改正する法律の施行に伴う主な政省令事項について（案）」）。

具体的には、次のとおりです。
- 平成29年度、平成30年度
  収益30億円を超える法人又は負債60億円を超える法人
- 平成31年度、平成32年度
  収益20億円を超える法人又は負債40億円を超える法人
- 平成33年度以降

収益10億円を超える法人又は負債20億円を超える法人

ただし、段階施行の具体的な時期及び基準については、平成29年度以降の会計監査の実施状況等を踏まえ、必要に応じて見直しを検討するとされています。

3　会計監査人の資格等

社会福祉法人審査基準では、「法人の組織運営に関する情報開示等について、財産状況等の監査に関しては、法人運営の透明性の確保の観点から、公認会計士、税理士等による外部監査の活用を積極的に行うことが適当である」旨が規定されており、監査の主体は公認会計士又は監査法人に限定されていませんでしたが、会計監査人は、公認会計士又は監査法人でなければならないと規定されました（法45条の2第1項）。

なお、公認会計士又は監査法人であっても、公認会計士法の規定により、計算書類について監査をすることができない者は、会計監査人となることができません（法45条の2第3項）。

4　会計監査人の選任手続

(1)　理事会による評議員会招集の決定

理事会が、会計監査人の選任を目的とする評議員会の招集を決定します。

会計監査人選任議案の内容は、監事の過半数により決定します（法43条3項、一般法人法73条1項）。また、議案には、その概要（議案が確定していない場合はその旨）を記載する必要があります（法45条の9第10項、一般法人法181条1項3号、規則2条の12）。

(2)　評議員会の普通決議

会計監査人の選任は、評議員会の普通決議、すなわち、議決に加わることができる評議員の過半数（これを上回る割合を定款で定めた場合には、その割合以上）が出席し、その過半数（これを上回る割合を定款で定めた場合には、その割合以上）により行います（法43条1項）。

第3章
社会福祉法人の事業運営の透明性

役員等の報酬

社会福祉法では、理事、監事及び評議員に対する報酬の支給基準を定める必要があると聞きましたが、どのように定めればよいのですか。

法人は、理事、監事及び評議員に対する報酬等について、規則で定めるところにより、民間事業者の役員の報酬等及び従業員の給与、当該法人の経理の状況その他の事情を考慮して、不当に高額なものとならないような支給の基準を定めなければなりません。

解説

1 支給基準の制定義務

理事、監事及び評議員の報酬については、社会福祉法人審査基準に、「勤務実態に即して支給することとし、評議員の地位にあることのみによっては、支給しない」と規定されておりましたが、改正前社会福祉法には規定がありませんでした。

改正社会福祉法は、適正かつ公正な支出管理を図る趣旨から、社会福祉法人に、理事、監事及び評議員の報酬等の支給基準を制定することを義務付けました（法45条の35第1項）。

支給基準は評議員会の承認を受けなければならず、また、これを変更するときも同様に、評議員会の承認が必要となります（法45条の35第2項）。

2 支給基準の内容

支給基準は、民間事業者の役員の報酬等及び従業員の給与、当該法人の経理の状況その他の事情を考慮して、不当に高額なものとならないような内容とする必要があり、理事等の勤務形態に応じた報酬等の区分及びその額の算定方法並びに支給の方法及び形態に関する事項を定めることとされています（法45条の35第1項、規則2条の42）。

3 支給基準の公表

法人は、毎会計年度終了後3か月以内に、報酬等の支給の基準を記載した書類を作成し、その主たる事務所に5年間、その写しを従たる事務所に3年間備え置

かなければなりません（法45条の34第1項3号）。

　そして、誰でも、法人の業務時間内は、いつでも、支給基準の閲覧の請求をすることができ、法人は、正当な理由がなければ、この請求を拒むことはできません（法45条の34第3項）。

決算手続

 年度末決算の概要について教えてください。

 法人の年度末決算の概要は次のとおりです。
① 計算書類、事業報告、これらの附属明細書の作成
② 財産目録等の作成
③ 監事・会計監査人の監査
④ 理事会で①について承認
⑤ ①及び監査報告の備置き
⑥ 評議員会の承認
⑦ 所轄庁へ、①②を届出

解説

1 計算書類、事業報告、これらの附属明細書の作成

　法人は、毎会計年度終了後3か月以内に、各会計年度に係る計算書類（貸借対照表及び収支計算書）、事業報告、これらの附属明細書を作成しなければなりません（法45条の27第2項）。

　作成する必要がある計算書類の具体的な内容は、後掲「計算書類（貸借対照表・収支計算書）の内容」のとおりです。

2 財産目録等の作成

　社会福祉法人は、毎会計年度終了後3か月以内に、次に掲げる書類を作成し、当該書類を5年間その主たる事務所に、その写しを3年間その従たる事務所に備え置かなければなりません（法45条の34第1項）。
① 財産目録
② 役員等名簿（理事、監事及び評議員の氏名及び住所を記載した名簿をいいます。）
③ 報酬等（報酬、賞与その他の職務遂行の対価として受ける財産上の利益及び退職手当をいいます。）の支給の基準を記載した書類
④ 事業の概要その他の規則2条の41で定める事項を記載した書類

第3章　社会福祉法人の事業運営の透明性

3　監事・会計監査人の監査
(1) 会計監査人を設置していない法人
　ア　監事による監査
　　会計監査人を設置していない法人においては、計算書類、事業報告、これらの附属明細書について監事による監査を受ける必要があります（法45条の28第１項）。なお、定款例では、財産目録も監査対象となっています。

　イ　理事に対する通知
　　監事は、次に掲げる日のいずれか遅い日までに、理事に対し、各会計年度に係る計算書類及びその附属明細書についての監査報告の内容を通知しなければなりません（規則２条の28）。
　① 当該計算書類の全部を受領した日から４週間を経過した日
　② 当該計算書類の附属明細書を受領した日から１週間を経過した日
　③ 理事及び監事が合意により定めた日があるときは、その日
　　計算書類及びその附属明細書（以下、「計算関係書類」といいます。）については、理事が監査報告の内容の通知を受けた日に、監事の監査を受けたものとされます（規則２条の28第２項）。
　　しかし、監事が通知をすべき日までに同項の規定による監査報告の内容の通知をしない場合には、当該通知をすべき日に、計算関係書類については、監事の監査を受けたものとみなされます（規則２条の28第３項）。

(2) 会計監査人設置社会福祉法人
　ア　監事及び会計監査人による監査
　　会計監査人を任意に設置している法人及び特定社会福祉法人においては、計算書類、事業報告、これらの附属明細書について監事による監査を、計算書類及びその附属明細書、財産目録その他規則で定める書類について会計監査人による監査を、それぞれ受ける必要があります（法45条の28第２項、45条の19第２項）。なお、定款例では、財産目録も監事監査の対象となっています。

　イ　理事・会計監査人に対する通知
　　監事は、次に掲げる日のいずれか遅い日までに、理事及び会計監査人に対し、計算関係書類に係る監査報告の内容を通知しなければなりません

(規則2条の34第1項)。

① 会計監査報告を受領した日(会計監査人が会計監査報告を通知しない場合には、監査を受けたものとみなされた日)から1週間を経過した日
② 理事及び監事の間で合意により定めた日があるときは、その日

計算関係書類については、理事及び会計監査人が監査報告の内容の通知を受けた日に、監事の監査を受けたものとされます(規則2条の34第2項)。

しかし、監事が第1項の規定により通知をすべき日までに同項の規定による監査報告の内容の通知をしない場合には、当該通知をすべき日に、計算関係書類については、監事の監査を受けたものとみなされます(規則2条の34第3項)。

4 理事会による承認

上記3(1)又は(2)のとおり、監査を受けた計算書類及び事業報告並びにこれらの附属明細書は、理事会の承認を受けなければなりません(法45条の28第3項)。

法人は、計算書類等(計算書類、事業報告、これらの附属明細書、監査報告(会計監査人設置社会福祉法人においては会計監査報告を含みます。))を、定時評議員会の日の2週間前の日から5年間、その主たる事務所に備え置かなければなりません(法45条の32第1項)。

5 計算書類等の備置き

法人は、計算書類等(計算書類、事業報告、これらの附属明細書、監査報告(会計監査人設置社会福祉法人においては、会計監査報告を含みます。))、財産目録等を、定時評議員会の日の2週間前の日から5年間、その主たる事務所に備え置かなければなりません(法45条の32第1項)。

6 評議員会の開催

(1) 計算書類等の提供

理事は、定時評議員会の招集の通知に際して、評議員に対し、理事会の承認を受けた計算書類及び事業報告並びに監査報告(会計監査人設置社会福祉法人においては会計監査報告を含みます。)を提供しなければなりません(法45条の29)。

(2) 定時評議員会における承認・報告
　ア　会計監査人を設置していない法人
　　　定時評議員会に提供された計算書類は、定時評議員会の承認を受けなければなりません（法45条の30第２項）。
　　　また、理事は、定時評議員会において、事業報告の内容を報告しなければなりません（法45条の30第３項）。

　イ　会計監査人設置法人の特則
　　　理事会の承認を受けた計算書類が法令及び定款に従い法人の財産及び収支の状況を正しく表示しているものとして次の要件のいずれにも該当する場合には、定時評議員会の承認を受ける必要がなく、当該計算書類の内容を定時評議員会に報告すれば足ります（法45条の31、規則２条の39）。
　　① 会計監査報告の内容に無限定適正意見（規則２条の30第１項２号イ）が含まれていること
　　② 監事の監査報告の内容として、会計監査人の監査の方法又は結果を相当でないと認める意見がないこと
　　③ 監事が理事及び会計監査人に対し、監査報告の内容を通知しないことにより、計算書類が監事の監査を受けたものとみなされる（規則２条の34第３項）場合ではないこと

7　所轄庁への届出

　法人は、毎会計年度終了後３か月以内に、計算書類等及び財産目録等を所轄庁に届け出なければなりません（法59条）。

計算書類（貸借対照表・収支計算書）の内容（会計基準7条の2第1項）

1　次に掲げる貸借対照表
　イ　法人単位貸借対照表
　ロ　貸借対照表内訳表
　ハ　事業区分貸借対照表内訳表
　ニ　拠点区分貸借対照表
2　次に掲げる収支計算書
　イ　次に掲げる資金収支計算書
　　(1)　法人単位資金収支計算書
　　(2)　資金収支内訳表
　　(3)　事業区分資金収支内訳表
　　(4)　拠点区分資金収支計算書
　ロ　次に掲げる事業活動計算書
　　(1)　法人単位事業活動計算書
　　(2)　事業活動内訳表
　　(3)　事業区分事業活動内訳表
　　(4)　拠点区分事業活動計算書

なお、次のとおり、計算書類の作成を省略できる場合があります（会計基準7条の2第2項）。
- 事業区分が社会福祉事業（法2条1項）のみである場合
  - 貸借対照表内訳表（1、ロ）
  - 資金収支内訳表（2、イ、(2)）
  - 事業活動内訳表（2、ロ、(2)）
- 拠点区分の数が1つである場合
  - 貸借対照表内訳表（1、ロ）
  - 事業区分貸借対照表内訳表（1、ハ）
  - 資金収支内訳表（2、イ、(2)）
  - 事業区分資金収支内訳表（2、イ、(3)）
  - 事業活動内訳表（2、ロ、(2)）
  - 事業区分事業活動内訳表（2、ロ、(3)）
- 事業区分において拠点区分の数が1つである場合

第３章　社会福祉法人の事業運営の透明性

- 事業区分貸借対照表内訳表（１、ハ）
- 事業区分資金収支内訳表（２、イ、(3)）
- 事業区分事業活動内訳表（２、ロ、(3)）

情報開示

Q61 改正社会福祉法では、どのような情報を開示する必要がありますか。

 改正社会福祉法では、法人の高い公益性に照らし、事業運営の透明性を確保するため、情報開示についての規定が整備されました。改正前の法規制・運用と改正社会福祉法の規制を比較すると、次のとおりです。

		改正前		改正後	
		備置き・閲覧	公表	備置き・閲覧	公表
計算書類等	貸借対照表	○	○	○	○
	収支計算書	○	○	○	○
	事業報告書	○	—	○	—
	附属明細書	—	—	○	—
	監査報告	○	—	○	—
財産目録等	財産目録	○	—	○	—
	役員名簿	—	○	○	○
	報酬基準	—	—	○	○
	事業の概要等を記載した書類	—	○	○	○
定款		—	—	○	○

解説
1 計算書類等の備置き・閲覧、公表

法人は、定時評議員会の日の2週間前から5年間、貸借対照表、収支計算書、事業報告書、これらの附属明細書、監査報告を、主たる事務所に備え置き、閲覧等の用に供する必要があります（法45条の32第1項、3項）。

また、貸借対照表、収支計算書については、毎会計年度終了後3か月以内に、所轄庁に届け出る必要があり、届け出後遅滞なく、インターネットの利用により

第3章　社会福祉法人の事業運営の透明性

公表する必要があります（法59条、59条の2第1項3号、規則10条1項、3項）。

2　財産目録等の備置き・閲覧、公表

法人は、毎会計年度終了後3か月以内に、財産目録、役員名簿、報酬等の支給の基準を記載した書類、事業の概要その他規則で定める事項を記載した書類※（後掲）を作成し、5年間その主たる事務所に備え置き、閲覧等の用に供する必要があります（法45条の34第1項、3項）。

また、役員名簿、報酬等の支給の基準を記載した書類、事業の概要その他規則で定める書類については、インターネットの利用により公表する必要があります（法59条、59条の2第1項2号、3号、規則10条）。

3　定款の備置き・閲覧、公表

法人は、所轄庁の認可を受けた定款を、その主たる事務所に備え置き、閲覧等の用に供する必要があります（法34条の2第1項、2項）。

また、インターネットの利用により公表する必要があります（法59条、59条の2第1項1号、規則10条1項）。

<u>※規則で定める事項を記載した書類（規則2条の41）</u>

① 当該社会福祉法人の主たる事務所の所在地及び電話番号その他当該社会福祉法人に関する基本情報
② 当該終了した会計年度の翌会計年度（以下、「当会計年度」といいます。）初日における評議員の状況
③ 当該会計年度の初日における理事の状況
④ 当該会計年度の初日における監事の状況
⑤ 当該終了した会計年度（以下、「前会計年度」といいます。）及び当会計年度における会計監査人の状況
⑥ 当会計年度の初日における職員の状況
⑦ 前会計年度における評議員会の状況
⑧ 前会計年度における理事会の状況
⑨ 前会計年度における監事の監査の状況
⑩ 前会計年度における会計監査の状況
⑪ 前会計年度における事業等の概要

⑫　前会計年度末における社会福祉充実残額並びに社会福祉充実計画の策定の状況及びその進捗の状況
⑬　当該社会福祉法人に関する情報の公表等の状況
⑭　⑫の社会福祉充実残額の算定の根拠
⑮　事業計画を作成する旨を定款で定めている場合にあっては、事業計画
⑯　その他必要な事項
　※　⑭、⑮についてはインターネットによる公表は不要。

第4章
社会福祉法人の財務規律

第1節　特別の利益供与の禁止

特別の利益供与の禁止

特別の利益供与の禁止とはなんですか。

法人が事業を行う際に、役員や評議員等の関係者に対し、特別の利益を与えることを法律により禁止されていることを意味します。

解説

1　特別の利益供与の禁止

　法人は、福祉を通じて社会に貢献するために公費の受給や税制面での優遇措置が存在しています。当然ながら、そのお金を本来の目的ではなく、法人に対して影響力を有する理事や評議員といった一部の個人のために不正に流出してしまうことは避けなければなりません。そこで、改正社会福祉法では、例えば理事に対して不動産を通常よりも低い賃料で貸し付けることや、高額な資産を通常よりも安く譲渡するといった行為を以下のとおり明確に禁止しています（法27条）。
　（特別の利益供与の禁止）
　　「社会福祉法人は、その事業を行うに当たり、その評議員、理事、監事、職員その他の政令で定める社会福祉法人の関係者に対し特別の利益を与えてはならない。」

2　計算書類における関連当事者との取引内容の開示

　特別の利益供与には該当しないものの、法人とその役員及びその近親者との間に取引関係がある場合は、一定の取引について計算書類に注記する必要があります。

第4章　社会福祉法人の財務規律

特別の利益

特別の利益とはどのようなことを意味しますか。

特別の利益については、法令等で具体的に定義されていませんが、例えば土地、建物その他の資産を無償又は通常より低い賃貸料で貸し付ける等、社会通念に照らして合理性を欠くと判断されるような不相当な利益の供与その他の優遇が該当すると考えられます。

解説

特別の利益については、現時点では法令等で具体的に定義されていないため、個別に判断していく必要があります。そこで、ここでは他の法人形態において規定されている「特別の利益」の定義を参考として紹介します。

(1)　公益認定等ガイドラインにおける特別の利益

公益法人認定法においては、「公益認定等ガイドライン」において、特別の利益に関する判断基準を以下のように規定しています（公益認定等ガイドラインⅠ3より抜粋）。

『……「特別の利益」とは、利益を与える個人又は団体の選定や利益の規模が、事業の内容や実施方法等具体的事情に即し、社会通念に照らして合理性を欠く不相当な利益の供与その他の優遇がこれにあたり、……』

(2)　法人税基本通達における特別の利益

法人税基本通達においては、非営利型法人における特別の利益の意義として、以下のように規定しています（法人税基本通達1-1-8）。

①　法人が、特定の個人又は団体に対し、その所有する土地、建物その他の資産を無償又は通常よりも低い賃貸料で貸し付けていること。

②　法人が、特定の個人又は団体に対し、無利息又は通常よりも低い利率で金銭を貸し付けていること。

③　法人が、特定の個人又は団体に対し、その所有する資産を無償又は通常よりも低い対価で譲渡していること。

④　法人が、特定の個人又は団体から通常よりも高い賃借料により土地、建物その他の資産を賃借していること又は通常よりも高い利率により金銭を

借り受けていること。

⑤　法人が、特定の個人又は団体の所有する資産を通常よりも高い対価で譲り受けていること又は法人の事業の用に供すると認められない資産を取得していること。

⑥　法人が、特定の個人に対し、過大な給与等を支給していること。

　なお、「特別の利益を与えること」には、収益事業に限らず、収益事業以外の事業において行われる経済的利益の供与又は金銭その他の資産の交付が含まれることに留意する。

第4章 社会福祉法人の財務規律

特別の利益供与が禁止されている関係者

特別の利益供与が禁止されている関係者を教えてください。

関係者の範囲は、法令で定義されており、具体的には以下に記載のとおりです。

解説

特別の利益の供与が禁止されている、法人の関係者の範囲は以下のとおりです（令13条の2）。
(1) 当該法人の設立者、評議員、理事、監事又は職員
(2) 上記(1)に掲げる者の配偶者又は3親等内の親族
(3) 上記(1)又は(2)に掲げる者と婚姻の届出をしていないが事実上婚姻関係と同様の事情にある者
(4) 上記(2)又は(3)に掲げる者のほか、(1)に掲げる者から受ける金銭その他の財産によって生計を維持する者
(5) 当該法人の設立者が法人である場合にあっては、その法人が事業活動を支配する法人又はその法人の事業活動を支配する者として次に定める者（規則1条の3）
　① その法人が事業活動を支配する法人
　　当該法人が他の法人の財務及び営業又は事業の方針の決定を支配している場合※における当該他の法人（以下、「子法人」という。）
　② その法人の事業活動を支配する者
　　一の者が当該法人の財務及び営業又は事業の方針の決定を支配している場合※における当該一の者

　※「財務及び営業又は事業の方針の決定を支配している場合」とは、次に掲げる場合をいいます。
　　ⅰ 一の者又はその一若しくは二以上の子法人が社員総会その他の団体の財務及び営業又は事業の方針を決定する機関における議決権の過半数を有する場合
　　ⅱ 評議員の総数に対する次に掲げる者の数の割合が50％を超える場合
　　　(ア) 一の法人又はその一若しくは二以上の子法人の役員（理事、監事、取

163

締役、会計参与、監査役、執行役その他これらに準ずるものをいう。）又は評議員
(イ)　一の法人又はその一若しくは二以上の子法人の職員
(ウ)　当該評議員に就任した日前5年以内に(ア)又は(イ)に掲げる者であった者
(エ)　一の者又はその一若しくは二以上の子法人によって選任された者
(オ)　当該評議員に就任した日前5年以内に一の者又はその一若しくは二以上の子法人によって当該法人の評議員に選任されたことがある者

（参考：関係者の範囲）

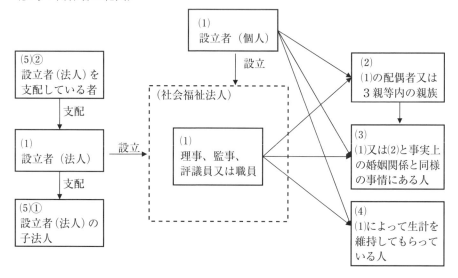

役員等との取引に関する開示

役員等と取引がある場合、外部に対して開示が必要となるのでしょうか。

一定の金額以上の取引が存在する場合は、関連当事者との取引として、その取引内容を計算書類に注記する必要があります。

解説
1　関連当事者との取引に関する注記
　特別な利益供与に該当する取引は禁止されていますが、特別な利益供与に該当しない取引内容であれば、役員等と取引することは問題ありません。しかしながら、その金額に重要性が高い場合は計算書類にその取引内容を注記することが求められています。

2　関連当事者の範囲
　関連当事者の範囲は以下になります（会計基準29条2項、課長通知26）。
① 　当該社会福祉法人の常勤の役員又は評議員として報酬を受けている者及びそれらの近親者（3親等内の親族及びこの者と特別の関係※にある者）。

　　※「親族及びこの者と特別の関係にある者」とは例えば以下を意味します。
　　　 i 　当該役員又は評議員とまだ婚姻の届出をしていないが、事実上婚姻と同様の事情にある者
　　　ii 　当該役員又は評議員から受ける金銭その他の財産によって生計を維持している者
　　　iii 　 i 又は ii の親族で、これらの者と生計を一にしている者

② 　①の者が議決権の過半数を有している法人
③ 　支配法人（当該社会福祉法人の財務及び営業又は事業の方針の決定を支配している他の法人、以下同じ。）
　　次の場合には当該他の法人は、支配法人に該当します。
　● 　他の法人の役員、評議員若しくは職員である者が当該社会福祉法人の評議員会の構成員の過半数を占めていること。

④ 被支配法人（当該社会福祉法人が財務及び営業又は事業の方針の決定を支配している他の法人、以下同じ。）
次の場合には当該他の法人は、被支配法人に該当します。
- 当該社会福祉法人の役員、評議員若しくは職員である者が他の法人の評議員会の構成員の過半数を占めていること。

⑤ 当該社会福祉法人と同一の支配法人を持つ法人
当該社会福祉法人と同一の支配法人を持つ法人とは、支配法人が当該社会福祉法人以外に支配している法人を意味します。

3　注記の内容

具体的に注記する内容は以下になります（局長通知21）。

① 当該関連当事者が法人の場合には、その名称、所在地、直近の会計年度末における資産総額及び事業の内容
なお、当該関連当事者が会社の場合には、当該関連当事者の議決権に対する当該社会福祉法人の役員、評議員又はそれらの近親者の所有割合
② 当該関連当事者が個人の場合には、その氏名及び職業
③ 当該社会福祉法人と関連当事者との関係
④ 取引の内容
⑤ 取引の種類別の取引金額
⑥ 取引条件及び取引条件の決定方針
⑦ 取引により発生した債権債務に係る主な科目別の期末残高
⑧ 取引条件の変更があった場合には、その旨、変更の内容及び当該変更が計算書類に与えている影響の内容

ただし、関連当事者との間の取引のうち、以下の取引については、上記の注記を記載する必要はありません。

① 一般競争入札による取引並びに預金利息及び配当金の受取りその他取引の性格からみて取引条件が一般の取引と同様であることが明白な取引
② 役員又は評議員に対する報酬、賞与及び退職慰労金の支払い

4　開示対象となる取引の範囲

関連当事者との取引のうち、計算書類に注記しなければならない取引の範囲として、以下の金額基準が設定されています（課長通知26）。

① 上記2①及び②に該当する者との取引

事業活動計算書項目及び貸借対照表項目いずれに係る取引についても、年間1,000万円を超える取引については全て開示対象とするものとする。
② 上記2③、④及び⑤に該当する法人との取引
　i　事業活動計算書項目に係る関連当事者との取引
- サービス活動収益又はサービス活動外収益の各項目に係る関連当事者との取引については、各項目に属する科目ごとに、サービス活動収益とサービス活動外収益の合計額の100分の10を超える取引を開示する。
- サービス活動費用又はサービス活動外費用の各項目に係る関連当事者との取引については、各項目に属する科目ごとに、サービス活動費用とサービス活動外費用の合計額の100分の10を超える取引を開示する。
- 特別収益又は特別費用の各項目に係る関連当事者との取引については、各項目に属する科目ごとに1,000万円を超える収益又は費用の額について、その取引総額を開示し、取引総額と損益が相違する場合は損益を併せて開示する。ただし、各項目に属する科目の取引に係る損益の合計額が当期活動増減差額の100分の10以下となる場合には、開示を要しないものとする。

　ii　貸借対照表項目に係る関連当事者との取引
　　貸借対照表項目に属する科目の残高については、その金額が資産の合計額の100分の1を超える取引について開示する。

以上のとおり、関連当事者との取引がある場合、その取引の金額が開示の金額基準を超える場合は注記が必要となり、超えない場合は注記する必要がないということになります。したがって、実務上は関連当事者との取引を識別したうえで、該当がある場合は、毎期集計し、注記が必要か否かを判断するような管理体制が必要となります。

第2節　社会福祉充実計画

社会福祉充実計画

社会福祉充実計画について教えてください。

社会福祉充実計画とは、法人が保有する財産のうち、事業継続に必要な「控除対象財産」を控除してもなお残額が生じる場合に、その残額を「社会福祉充実残額」として算定したうえで、社会福祉事業等に再投資するために作成する計画を意味します。

解説

1　法人の内部留保と社会福祉充実計画

法人を取り巻く環境において、法人の過大な内部留保が問題として取り上げられていました。しかしながら、事業継続に必要な内部留保は法人の規模や状況によって異なるため、有効活用すべき過大な内部留保をどのように算定すべきか、さらにはどのように有効活用すべきかについて明確にされていませんでした。

そこで、今回の法改正では、内部留保の位置付けを明確化し、事業継続に必要な金額を超える内部留保がある場合は、それを福祉サービスへの再投資や社会貢献での活用を促すことを目的として、社会福祉充実計画の策定が要求されることになりました。

2　社会福祉充実計画の概要

社会福祉充実計画について、厚生労働省が公表している図解を以下に紹介します（社会福祉法人制度改革の施行に向けた全国担当者説明会資料より）。

第4章 社会福祉法人の財務規律

(社会福祉充実残額の算定、及び有効活用)

上記の図解のとおり、社会福祉充実計画については、以下の手順で作成することになります。
① 事業継続に必要な財産(控除対象財産)を算定する
② 活用可能な財産から控除対象財産を差し引いた残額を再投下対象財産(社会福祉充実残額)として算定する
③ 社会福祉充実残額を原資として、既存事業の充実や新たな事業(社会福祉事業、地域公益事業、及び公益事業)に再投資する計画(社会福祉充実計画)を策定する

社会福祉充実残額

社会福祉充実残額の算定方法を教えてください。

社会福祉充実残額は以下の式で算定されます。
「社会福祉充実残額＝活用可能な財産－控除対象財産」
また、控除対象財産は以下の合計額となります。
① 社会福祉法に基づく事業に活用している不動産等
② 再取得に必要な財産
③ 必要な運転資金

解説
1 社会福祉充実残額の考え方
　社会福祉充実残額は、法人の内部留保のうち社会福祉事業等に再投下するための原資となります。ここで、内部留保といっても、すでに事業用の不動産等として使用されている金額や、今後事業を継続するために必要な金額も含まれます。そこで、内部留保のうち、事業を継続するため必要な金額を「控除対象財産」として算定し、これを控除した残額が「社会福祉充実残額」として算定されます。

2 社会福祉充実残額の算定方法
　社会福祉充実残額の具体的な算定方法は、「社会福祉充実計画の承認等に係る事務処理基準」に規定されています。ここでは、社会福祉充実残額の算定方法について、概要を説明します。

(社会福祉充実残額の算定式)

社会福祉充実残額＝①「活用可能な財産」－（②「社会福祉法に基づく事業に活用している不動産等」＋③「再取得に必要な財産」＋④「必要な運転資金」）

項目	算定方法
① 活用可能な財産	資産－負債－基本金－国庫補助金等特別積立金
② 社会福祉法に基づく事業に活用している不動産等	財産目録により特定した事業対象不動産等に係る貸借対照表価額の合計額○円－対応基本金○円－国庫補助金等特別積立金○円－対応負債○円
③ 再取得に必要な財産	【ア　将来の建替に必要な費用】 （建物に係る減価償却累計額○円×建設単価等上昇率）×一般的な自己資金比率（％） 【イ　建替までの間の大規模修繕に必要な費用】 ＋（建物に係る減価償却累計額○円×一般的な大規模修繕費用割合（％））－過去の大規模修繕に係る実績額○円 ※過去の大規模修繕に係る実績額が不明な法人の特例あり 【ウ　設備・車両等の更新に必要な費用】 ＋減価償却の対象となる建物以外の固定資産（②において財産目録で特定したものに限る。）に係る減価償却累計額の合計額○円
④ 必要な運転資金	年間事業活動支出の３月分○円 ※主として施設・事業所の経営を目的としていない法人等の特例あり

　上記の算定式の各項目の内容について以下で補足します。なお、算定する際の基準日は「当該会計年度の前会計年度の末日」とされていることから、前会計年度末日の決算金額に基づき算定されることになります。また、社会福祉充実残額の算定に当たっては、法人の計算書類などから、各種数値を用いて算定する必要がありますが、これらの事務処理の簡素化を図る観点から、法人においては、原則として電子開示システムに組み込まれた「社会福祉充実残額算定シート」を活用することが想定されています。

(補足説明)

項目	補足
活用可能な財産	こちらが法人の内部留保金額を意味することになります。上記①に記載の式に基づき、法人の貸借対照表の金額を使用して算定します。
社会福祉法に基づく事業に活用している不動産等	活用可能な財産のうち、すでに事業に対する不動産等として使用されている金額を意味します。法人が実施する社会福祉事業等に直接又は間接的に供与されている財産であって、当該財産がなければ事業の実施に直ちに影響を与えるような資産とされています。例えば、施設の不動産や、サービス提供に必要な送迎車両、介護機器等があげられます。逆に、現預金や有価証券、遊休不動産等の法人が実施する社会福祉事業及び公益事業等の実施に直ちに影響を及ぼさない財産は含まれません。なお、上記②の算定式では、社会福祉法に基づく事業に活用している不動産等に対応する、対応基本金や国庫補助金等特別積立金、対応負債について控除していますが、これらはすでに①活用可能な財産を算定する際に控除していることから二重に控除しないための調整となります。
再取得に必要な財産	施設の建物等の設備については、将来的に老朽化し、建替や買替、大規模修繕が必要となります。その金額は多額となることから、事業を継続するためには必要な財産を積み立てておく必要があります。そのため、上記③の算定式により「将来の建替に必要な費用」、「建替までの間の大規模修繕に必要な費用」、及び「設備・車両等の更新に必要な費用」を算定し、それらの合計額を再取得に必要な財産として、活用可能な財産から控除します。
必要な運転資金	事業を継続するためには、設備投資とは別に日ごろの運転資金の確保が必要となります。そこで、活用可能な財産のうち、必要な運転資金相当額についても控除対象財産として控除します。具体的には3か月分の事業活動支出（年間事業活動支出×3/12）として算定されます。

　なお、上記の計算の過程において1円未満の端数が生じる場合には、これを切り捨てるとともに、最終的な計算の結果において1万円未満の端数が生じる場合には、これを切り捨てることになります。

このため、社会福祉充実残額が0円以下である場合には、社会福祉充実計画の策定は不要となりますが、1万円以上である場合には、原則として社会福祉充実計画の策定及び実効が必要となります。

ただし、当該計画の策定に係る費用が社会福祉充実残額を上回ることが明らかな場合には、当該費用により社会福祉充実残額を費消し、事実上、社会福祉充実事業の実施が不可能であることから、当該計画を策定しないことができます。

社会福祉充実計画の作成方法

社会福祉充実計画の作成方法を教えてください。

社会福祉充実残額が存在する場合は、以下の順に実施する事業を検討し、決定した事業について所定の形式に基づき社会福祉充実計画を作成します。

第1順位	社会福祉事業又は公益事業（社会福祉事業に類する小規模事業）
第2順位	地域公益事業（日常生活又は社会生活上の支援を必要とする住民に対し、無料又は低額な料金で、その需要に応じた福祉サービスを提供する事業）
第3順位	公益事業（上記の事業以外）

解説

1 社会福祉充実計画の作成

社会福祉充実計画は、上記に記載した3区分の事業の全部又はいずれかとされており、第1順位から第3順位の順にその実施について検討を行わなければならず、その結果については、社会福祉充実計画に記載することが必要とされています（法55条の2第4項、規則6条の16）。

事業内容については、職員の処遇改善を含む人材への投資、サービスの質の向上につながる建物・設備の充実、地域のニーズに対応した新たなサービスの展開など、法人の実情に応じた取組を計画に盛り込むこととされています。

なお、社会福祉充実計画に位置付けるべき事業の検討に当たっては、将来的な福祉・介護人材の確保・定着を図る観点から、職員処遇の充実を進めていくことが重要であり、こうした事業の実施について可能な限り優先的に検討が行われることが望ましいとされています。

2 社会福祉充実計画に記載が要求されている事項

計画の記載内容は、法律上、以下のとおり規定されていますが、法律事項に加え、規則により法人名等の基本情報や社会福祉充実残額の使途に関する検討結果、事業の実施に当たっての資金計画等も併せて記載が要求されています（法55

第4章 社会福祉法人の財務規律

条の2第3項、規則6条の15)。
(社会福祉充実計画の承認等に係る事務処理基準より)
① 既存事業の充実又は新規事業(社会福祉充実事業)の規模及び内容
② 事業区域
③ 社会福祉充実事業の事業費
④ 社会福祉充実残額
⑤ 計画の実施期間
⑥ 法人名、法人の所在地、連絡先等の基本情報
⑦ 社会福祉充実残額の使途に関する検討結果
⑧ 資金計画
⑨ 公認会計士・税理士等からの意見聴取年月日
⑩ 地域協議会等の意見とその反映状況(地域公益事業を行う場合に限る。)
⑪ 計画の実施期間が5か年度を超える理由等

3 計画の実施期間

　計画の実施期間は原則として社会福祉充実残額を算定した会計年度の翌会計年度から5か年度以内とされています。この期間において、社会福祉充実残額の全額について、一又は複数の社会福祉充実事業を実施するための計画を作成する必要があります。ただし、以下のように合理的な理由があると認められる場合には、当該理由を計画に記載した上で、その実施期間を10か年度以内とすることができます。
① 社会福祉充実残額の規模からして、5か年度の計画実施期間内に費消することが合理的ではない場合
② 5か年度の計画実施期間経過後に事業拡大や既存建物の建替を行うなど、5か年の計画実施期間経過後に社会福祉充実残額の使途につき、明確な事業計画が定まっている場合

　また、計画の実施期間の範囲で、事業の始期(所轄庁による計画の承認日以降に限る。)や終期、実施期間(単年度又は複数年度)、各年度の事業費は、法人の任意で設定することができます。

　なお、社会福祉充実計画の実施期間の満了により、所轄庁による承認の効力は失効します。その際、実施期間の満了する会計年度の決算において、社会福祉充実残額が生じた場合には、改めて翌会計年度以降を実施期間とする社会福祉充実計画を策定し、所轄庁の承認を得る必要があります。

4　社会福祉充実事業に活用する社会福祉充実残額の範囲の特例

　社会福祉充実残額については、上記3のとおり、社会福祉充実計画の実施期間の範囲で、その全額を活用することを原則としますが、最初に策定する社会福祉充実計画において、社会福祉充実残額の全額を費消することが必ずしも合理的ではない場合も想定されることから、当分の間、地域の福祉ニーズを踏まえた事業規模からして、社会福祉充実残額の全額を計画実施期間内に費消することが困難な場合など、合理的な理由があると認められる場合には、当該理由を計画に記載した上で、社会福祉充実残額の概ね2分の1以上を社会福祉充実事業に充てることを内容とする計画を策定することができます。

第4章　社会福祉法人の財務規律

(参考：社会福祉充実計画のフォーマット)

(別紙1-参考②)

平成29年度～平成33年度　社会福祉法人社会・援護会　社会福祉充実計画（記載例）

1．基本的事項

法人名	社会福祉法人社会・援護会	法人番号	0123456789123
法人代表者氏名	福祉　太郎		
法人の主たる所在地	東京都千代田区霞が関1-2-2		
連絡先	03-3595-2616		
地域住民その他の関係者への意見聴取年月日	平成29年6月10日		
公認会計士、税理士等の意見聴取年月日	平成29年6月13日		
評議員会の承認年月日	平成29年6月29日		

会計年度別の社会福祉充実残額の推移（単位：千円）	残額総額（平成28年度末現在）	1か年度目（平成29年度末現在）	2か年度目（平成30年度末現在）	3か年度目（平成31年度末現在）	4か年度目（平成32年度末現在）	5か年度目（平成33年度末現在）	合計	社会福祉充実事業未充当額
	100,000千円	76,000千円	57,000千円	38,000千円	19,000千円	0千円		0千円
うち社会福祉充実事業費（単位：千円）		▲24,000千円	▲19,000千円	▲19,000千円	▲19,000千円	▲19,000千円	▲100,000千円	

本計画の対象期間	平成29年8月1日～平成34年3月31日

2．事業計画

実施時期	事業名	事業種別	既存・新規の別	事業概要	施設整備の有無	事業費
1か年度目	職員育成事業	社会福祉事業	既存	当法人の職員の資質向上を図るため、全国団体が実施する研修の受講費用を補助する。	無	5,000千円
	単身高齢者のくらしの安心確保事業	地域公益事業	新規	当法人の訪問介護員が要介護認定を受けていない単身高齢者宅を週に2回訪問し、社協等と連携しながら、日常生活上の見守りや相談支援、生活援助を行う。	無	19,000千円

				小計			24,000 千円
2か年度目	職員育成事業	社会福祉事業	既存	当法人の職員の資質向上を図るため、全国団体が実施する研修の受講費用を補助する。	無		5,000 千円
	単身高齢者のくらしの安心確保事業	地域公益事業	新規	当法人の訪問介護員が要介護認定を受けていない単身高齢者宅を週に2回訪問し、社協等と連携しながら、日常生活上の見守りや相談支援、生活援助を行う。	無		14,000 千円
				小計			19,000 千円
3か年度目	職員育成事業	社会福祉事業	既存	当法人の職員の資質向上を図るため、全国団体が実施する研修の受講費用を補助する。	無		5,000 千円
	単身高齢者のくらしの安心確保事業	地域公益事業	新規	当法人の訪問介護員が要介護認定を受けていない単身高齢者宅を週に2回訪問し、社協等と連携しながら、日常生活上の見守りや相談支援、生活援助を行う。	無		14,000 千円
				小計			19,000 千円
4か年度目	職員育成事業	社会福祉事業	既存	当法人の職員の資質向上を図るため、全国団体が実施する研修の受講費用を補助する。	無		5,000 千円
	単身高齢者のくらしの安心確保事業	地域公益事業	新規	当法人の訪問介護員が要介護認定を受けていない単身高齢者宅を週に2回訪問し、社協等と連携しながら、日常生活上の見守りや相談支援、生活援助を行う。	無		14,000 千円
				小計			19,000 千円
5か年度目	職員育成事業	社会福祉事業	既存	当法人の職員の資質向上を図るため、全国団体が実施する研修の受講費用を補助する。	無		5,000 千円
	単身高齢者のくらしの安心確保事業	地域公益事業	新規	当法人の訪問介護員が要介護認定を受けていない単身高齢者宅を週に2回訪問し、社協等と連携しながら、日常生活上の見守りや相談支援、生活援助を行う。	無		14,000 千円
				小計			19,000 千円
				合計			100,000 千円

※　欄が不足する場合は適宜追加すること。

第4章 社会福祉法人の財務規律

3．社会福祉充実残額の使途に関する検討結果

検討順	検討結果
① 社会福祉事業及び公益事業（小規模事業）	重度利用者の増加を踏まえ、職員の資質向上を図る必要性があるため、職員の資格取得を支援する取組を行うこととした。
② 地域公益事業	当法人が行う地域包括支援センターなどに寄せられる住民の意見の中で、孤立死防止の観点から、日常生活上の見守りや生活支援に対するニーズが強かったため、こうした支援を行う取組を行うこととした。
③ ①及び②以外の公益事業	①及び②の取組を実施する結果、残額は生じないため、実施はしない。

4．資金計画

事業名	事業費内訳		1か年度目	2か年度目	3か年度目	4か年度目	5か年度目	合計
職員育成事業	計画の実施期間における事業費合計		5,000 千円	5,000 千円	5,000 千円	5,000 千円	5,000 千円	25,000 千円
	財源構成	社会福祉充実残額	5,000 千円	5,000 千円	5,000 千円	5,000 千円	5,000 千円	25,000 千円
		補助金						
		借入金						
		事業収益						
		その他						

事業名	事業費内訳		1か年度目	2か年度目	3か年度目	4か年度目	5か年度目	合計
単身高齢者のくらしの安心確保事業	計画の実施期間における事業費合計		19,000 千円	14,000 千円	14,000 千円	14,000 千円	14,000 千円	75,000 千円
	財源構成	社会福祉充実残額	19,000 千円	14,000 千円	14,000 千円	14,000 千円	14,000 千円	75,000 千円
		補助金						
		借入金						
		事業収益						
		その他						

※ 本計画において複数の事業を行う場合は、2．事業計画に記載する事業の種類ごとに「資金計画」を作成すること。

5．事業の詳細

事業名	職員育成事業	
主な対象者	当法人に在籍5年以上の職員	
想定される対象者数	50人	
事業の実施地域	－	
事業の実施時期	平成29年8月1日～平成34年3月31日	
事業内容	当法人の職員の資質向上を図るため、全国団体が実施する研修の受講費用を補助する。	
事業の実施スケジュール	1か年度目	職員10人を対象に費用助成を実施。
	2か年度目	職員10人を対象に費用助成を実施。
	3か年度目	職員10人を対象に費用助成を実施。
	4か年度目	職員10人を対象に費用助成を実施。
	5か年度目	職員10人を対象に費用助成を実施。
事業費積算（概算）	50万円×職員10人（単年度）×5か年＝2,500万円	
	合計	25,000千円（うち社会福祉充実残額充当額25,000千円）
地域協議会等の意見とその反映状況	－	

事業名	単身高齢者のくらしの安心確保事業	
主な対象者	千代田区内在住の介護保険サービスを受けていない単身高齢者	
想定される対象者数	1,000人	
事業の実施地域	千代田区内	
事業の実施時期	平成29年8月1日～平成34年3月31日	
事業内容	当法人の訪問介護員が要介護認定を受けていない単身高齢者宅を週に2回訪問し、社協等と連携しながら、日常生活上の見守りや相談支援、生活援助を行う。	
事業の実施スケジュール	1か年度目	・社協等と連携し、事業の実施体制、対象者の要件等を検討。 ・事業の利用希望者の募集
	2か年度目	・利用者に対する支援の実施
	3か年度目	・利用者に対する支援の実施
	4か年度目	・利用者に対する支援の実施
	5か年度目	・利用者に対する支援の実施 ・地域支援事業等へのつなぎ

第4章 社会福祉法人の財務規律

事業費積算 (概算)	人件費 800 万円（単年度）×5か年＝4,000 万円
	旅費 200 万円（単年度）×5か年＝1,000 万円
	賃料 100 万円（単年度）×5か年＝500 万円
	光熱水費 20 万円（単年度）×5か年＝100 万円
	その他事業費 280 万円（単年度）×5か年＝1,400 万円
	初度設備購入費 500 万円
	合計　　　75,000 千円（うち社会福祉充実残額充当額 75,000 千円）
地域協議会等の意見と その反映状況	単身高齢者に対する必要な支援として、ゴミ出しや買物など、日常生活上の生活援助に対するニーズが強かったため、事業内容に反映した。

※ 本計画において複数の事業を行う場合は、2．事業計画に記載する事業の種類ごとに「事業の詳細」を作成すること。

6．社会福祉充実残額の全額を活用しない又は計画の実施期間が5か年度を超える理由

（社会福祉充実計画の承認等に係る事務処理基準（別紙1－参考②）より抜粋）

社会福祉充実計画の申請手続

 社会福祉充実計画の申請に関する必要な手続とスケジュールを教えてください。

 社会福祉充実計画を所轄庁へ申請するまでの手続とスケジュールとしては、以下のイメージとなります。

(社会福祉充実計画の申請手順)

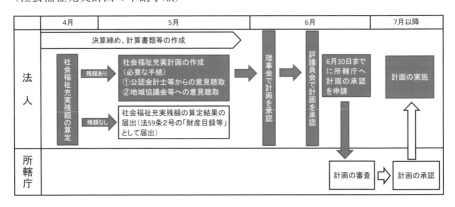

解説

1 社会福祉充実計画の申請手順

社会福祉充実計画の申請手順は以下の流れになります。

(1) 社会福祉充実残額の判定

社会福祉充実残額があると判定された場合は、「社会福祉充実計画」の作成が必要となります。なお、社会福祉充実残額がないと判定された場合は、「社会福祉充実残額の算定結果」を法59条2号の「財産目録等」として、6月末までに所轄庁へ届出することになります（Q60をご参照ください）。

(2) 社会福祉充実計画の作成

社会福祉充実計画の作成については、第三者の意見聴取が要求されています。

① 公認会計士・税理士等の意見徴収

　社会福祉充実計画の作成に当たっては、事業費及び社会福祉充実残額について、公認会計士、税理士その他財務に関する専門的な知識を有する者として規則で定める者（監査法人又は税理士法人）の意見を聴かなければならないとされています（法55条の２第５項）。なお、法人の会計監査人や顧問税理士、これらの資格を保有する評議員、監事等（理事長を除く。）でも可能です。また、具体的には、以下のような項目について意見を聴くことが想定されており、専門家に確認書を発行してもらう必要があります。また、確認書の交付日は、社会福祉充実残額を算定した会計年度に係る監事監査報告書の作成年月日以降が基本となります。

（社会福祉充実残額の算定関係）
　　ⅰ　社会福祉法に基づく事業に活用している不動産等に係る控除の有無の判定
　　ⅱ　社会福祉法に基づく事業に活用している不動産等の再計算
　　ⅲ　再取得に必要な財産の再計算
　　ⅳ　必要な運転資金の再計算
　　ⅴ　社会福祉充実残額の再計算

（法人が行う社会福祉充実事業関係）
　　ⅵ　事業費の再計算

② 地域協議会等への意見聴取

　『地域公益事業』を行う社会福祉充実計画の作成に当たっては、当該地域公益事業の内容及び事業区域における需要について、当該事業区域の住民その他の関係者の意見を聴かなければならないとされています（法55条の２第６項）。

　この要件は『地域公益事業』を計画する場合にのみ必要となります。具体的には以下のような項目について意見を聴くことが想定されています。
　　ⅰ　地域の福祉課題
　　ⅱ　地域に求められる福祉サービスの内容
　　ⅲ　自ら取り組もうとしている地域公益事業に対する意見
　　ⅳ　関係機関との連携

　なお、前頁の「社会福祉充実計画の申請手順」の図では、決算が締まった後に社会充実計画を作成するイメージとなっていますが、実際に作成す

るとなると検討に多くの時間を要することが想定されます。そのため、実務上は期中のうちから社会福祉充実残額が発生することが見込まれる場合は、事前に社会福祉充実計画の作成について検討し、事前に専門家や関係者等に対しても相談しておく必要があると考えられます。

(3) 理事会及び評議員会の承認

社会福祉充実計画については、評議員会の承認を受ける必要があります（法55条の2第7項）。なお、評議員会に先立って、理事会においてもその承認を受ける必要があります。

(4) 所轄庁への申請

社会福祉充実計画の承認の申請は、所轄庁に毎会計年度終了後3か月以内に行う財産目録等の届出と同時に行わなければならないとされています（法55条の2第1項、2項、規則6条の13）。したがって、評議員会において承認された後、毎年6月末日までに所轄庁へ申請する必要があります。ただし、前会計年度以前に所轄庁の承認を受けた社会福祉充実計画の実施期間中においては、当該申請は不要となります。

なお、所轄庁において審査が行われ、承認された後、法人は承認社会福祉充実計画に従って事業を実施しなければなりません（法55条の2第11項）。

2 所轄庁における確認事項

所轄庁においては、法人の経営の自主性を十分に尊重するとともに、関係者への意見聴取を経て申請がなされているものであることを踏まえ、以下の内容について確認することになります。

① 計画案に必要事項が記載されているか。
② 計画案の策定に当たって法において必須とされている手続が行われているか。
③ 計画案の内容に、次に掲げる視点から著しく合理性を欠く内容が含まれていないか（法55条の2第9項）。
　ⅰ 社会福祉充実残額と事業の規模及び内容の整合性
　ⅱ 社会福祉事業が記載されている場合、事業区域における需要・供給の見通しとの整合性
　ⅲ 地域公益事業が記載されている場合、事業区域における需要・供給の

見通しとの整合性
iv 計画案の内容が、申請時点における介護保険事業計画や障害福祉計画、子ども子育て支援事業計画等の行政計画との関係において、施設整備等の観点から実現不可能な内容となっていないか。

社会福祉充実計画の変更手続

Q70 社会福祉充実計画の変更手続について教えてください。

① 社会福祉充実計画の変更を行う場合については、軽微な変更を行う場合を除き、所定の様式により所轄庁に対して変更承認の「申請」を行う必要があります。
② 社会福祉充実計画の変更承認の「申請」を行う場合、社会福祉充実計画を申請する場合と同じ手続を改めて行う必要があります。
③ 社会福祉充実計画について、「軽微な変更」を行う場合については、所定の様式により所轄庁に「届出」を行う必要があります。

解説

社会福祉充実計画を提出し、当該事業を開始した後も、毎期社会福祉充実残額を再計算し、計画の変更要否を検討しなければなりません。社会福祉充実計画は、承認申請時点における将来の社会福祉充実残額の使途を明らかにするという趣旨のものであるため、社会福祉充実残額の増減のみを理由に変更を行う必要はありません。ただし、計画上の社会福祉充実残額と、毎会計年度における社会福祉充実残額に大幅な乖離が生じた場合には、再投下可能な事業費にも大きな影響を及ぼすことから、原則として社会福祉充実計画の変更を行う必要があります。

計画を変更する場合は所轄庁に対する申請又は届出が必要となります。

1 計画を変更する場合

承認された社会福祉充実計画の変更（軽微な変更は除く）をしようとするときは、所轄庁へ申請し承認を受ける必要があります（法55条の3第1項）。当該変更承認の申請を行う場合は、社会福祉充実計画を申請する場合と同様に、社会福祉充実残額の算定、変更後の社会福祉充実計画の作成、公認会計士等及び地域協議会等の意見聴取、理事会及び評議員会の承認といった手続の後に所轄庁へ申請する必要があります（規則6条の18）。

2 計画について軽微な変更のみの場合

承認された社会福祉充実計画について、軽微な変更をしたときは、遅滞なく、

その旨を所轄庁に届け出る必要があります（法55条の3第2項）。

なお、軽微な変更とは以下に「該当しない」変更を意味します（規則6条の19）。

① 社会福祉充実事業の種類の変更
② 社会福祉充実事業の事業区域の変更（変更前の事業区域と変更後の事業区域とが同一の市町村の区域内（特別区を含む。）である場合を除く。）
③ 社会福祉充実事業の実施期間の変更（変更前の各社会福祉充実事業を実施する年度（以下、「実施年度」という。）と変更後の実施年度とが同一である場合を除く。）
④ 上記以外の、社会福祉充実計画の重要な変更

3 承認事項と届出事項の具体例

社会福祉充実計画の変更に当たって、承認を要する事項及び届出を要する事項については、具体的にはそれぞれ以下の表のように整理されます。

分類	計画変更	軽微な変更
手続	承認事項	届出事項
事業内容関連	○新規事業を追加する場合 ○既存事業の内容について、以下のような大幅な変更を行う場合 　ア　対象者の追加・変更 　イ　支援内容の追加・変更 ○計画上の事業費について、20％を超えて増減させる場合	○既存事業の内容について、左記以外の軽微な変更を行う場合 ○計画上の事業費について、20％以内で増減させる場合
事業実施地域関連	○市町村域を超えて事業実施地域の変更を行う場合	○同一市町村内で事業実施地域の変更を行う場合
事業実施期間関連	○事業実施年度の変更を行う場合 ○年度を超えて事業実施期間の変更を行う場合	○同一年度内で事業実施期間の変更を行う場合
社会福祉充実残額関連	○事業費の変更に併せて計画上の社会福祉充実残額について20％を超えて増減させる場合	○事業費の変更に併せて計画上の社会福祉充実残額について20％以内の範囲で増減させる場合

その他	―	○法人名、法人代表者氏名、主たる事務所の所在地、連絡先を変更する場合

　なお、社会福祉充実計画における事業実施期間の変更は、最大10か年度の範囲内で可能ですが、当該変更は、社会福祉充実残額の規模や地域のニーズの変化等を踏まえた上で行われる必要があるため、合理的な理由なく、単に事業実施期間を延長することは認められません。

4　計画を終了する場合

　やむを得ない事由により承認された社会福祉充実計画に従って事業を行うことが困難であるときは、その理由を記載した書面を添付して所轄庁に提出し、承認を受けることで、当該承認社会福祉充実計画を終了することができます（法55条の4、規則6条の21）。

　ここで、「やむを得ない事由」とは以下が想定されます。

① 社会福祉充実事業に係る事業費が見込みを上回ること等により、社会福祉充実残額が生じなくなることが明らかな場合
② 地域の福祉ニーズの減少など、状況の変化により、社会福祉充実事業の実施の目的を達成し、又は事業の継続が困難となった場合

　なお、社会福祉充実計画の終了時に、会計年度途中の段階でなお社会福祉充実残額が存在している場合については、その段階で新たな社会福祉充実計画を策定する必要はなく、会計年度末の段階で改めて社会福祉充実残額を算定し、社会福祉充実残額が生じる場合には、翌会計年度以降を計画の実施期間とする新たな社会福祉充実計画を策定することになります。

社会福祉充実計画の公表

 社会福祉充実計画は外部へ公表する必要があるのでしょうか。

 法人のホームページ等において、直近の社会福祉充実計画を公表する必要があります。

解説
1 社会福祉充実計画の公表
以下の場合は、法人のホームページ等において、直近の社会福祉充実計画を公表することとされています（社会福祉充実計画の承認等に係る事務処理基準12(1)）。
① 社会福祉充実計画を策定し、所轄庁にその承認を受けた場合
② 社会福祉充実計画を変更し、所轄庁にその承認を受け、又は届出を行った場合

なお、規則10条2項の規定に基づき、法人が電子開示システムを活用して社会福祉充実計画の公表を行うときは、これを行ったものとみなされます。

2 社会福祉充実事業に係る実績の公表
社会福祉充実計画に記載した社会福祉充実事業に係る実績については、毎年度、法人のホームページ等において、その公表に努めることとされています（社会福祉充実計画の承認等に係る事務処理基準12(2)）。

3 社会福祉充実計画の保存
社会福祉充実計画は、法人において、計画の実施期間満了の日から10年間保存しておく必要があります（社会福祉充実計画の承認等に係る事務処理基準12(3)）。

第3節　会計監査人による監査

監査とは

監査とは何を意味するのでしょうか。

一般的に監査とは、その対象となる業務や成果物について、遵守すべき法律や規程などに基づいているかどうかの証拠を収集し、その証拠に基づいて、監査対象の有効性を利害関係者に合理的に保証することを意味します。

法人における主な監査としては、所轄庁による指導監査、監事監査、さらには改正社会福祉法により一定の法人に義務化された会計監査人による監査があげられます。

解説

一般的に監査と聞くと、法人の業務内容や会計について、法令や定款、各種規程等に基づいて適切に管理されているかについて、第三者に検査され、問題点が発見されれば指導されるというイメージがあるかと思います。実際には、その目的や要求される法令によって監査の内容も異なってきます。従来から実施されている社会福祉法人における代表的な監査としては、以下があげられます。

1　所轄庁による指導監査

所轄庁が法人及び施設に対して行う監査であり、本部や施設における運営体制、提供しているサービスの品質、及び会計等について検査し、問題点を指導することにより、適正な法人運営と円滑な社会福祉事業の経営の確保を目的としています。

2　監事による監査

監事が理事の業務執行や財産の状況に対して行う監査であり、業務監査と会計監査を実施します。適法性や基準等への準拠性を保証し、継続的な法人の適正な運営に資することを目的としています。

3　会計監査人による監査

　会計監査人による監査とは、公認会計士が独立した第三者として実施する法人の計算関係書類に対する監査であり、法人を取り巻く多様な利害関係者に対して、当該法人の財務報告の信頼性を担保することを目的とします。

　上記以外にも、適正な法人運営を確保することを目的とし、自主的に実施している内部監査や、外部の専門家（公認会計士、税理士等）による自主監査を実施している法人もあります。

会計監査人監査の目的

会計監査人監査の目的を教えてください。

会計監査人による監査とは、公認会計士が独立した第三者として実施する法人の計算関係書類に対する監査であり、法人を取り巻く多様な利害関係者に対して、当該法人の財務報告の信頼性を担保することを目的とします。

解説

　会計監査人監査の目的は、監査を受ける法人を取り巻く多様な利害関係者（地域社会、利用者、職員、国民及び金融機関等）に対し、公認会計士が独立した第三者として、当該監査を受ける法人の財務報告の信頼性を担保することにあります。

　今回の社会福祉法の改正により、各法人はインターネットの利用により貸借対照表及び収支計算書を公表することが義務付けられました。これにより、法人を取り巻く多様な利害関係者が法人の財務情報を利用することが可能となります。例えば、今後法人のサービスを利用しようか検討する場合、複数の法人の財務情報を比較検討しながら財務状況がより優良な法人を選択するかもしれません。しかしながら、その前提となる各法人が公表している財務情報が誤っていた場合、その利用者が誤った判断をしてしまう可能性があります。そのような誤った情報が公表されてしまっては、各法人の財務情報の公表を義務化した意味がありません。そこで、法人の財務情報の信頼性を担保するために、独立した第三者である会計監査人（公認会計士）による監査が実施されることとなります。

　なお、会計監査人による監査が導入されることで、法人としてもその監査に耐えられる管理体制の構築が必要となり、ガバナンスの強化や財務規律の強化が図られることも期待されます。

第4章 社会福祉法人の財務規律

会計監査人の監査対象

会計監査人監査の監査対象を教えてください。

会計監査人による監査の対象は、計算関係書類のうち、「法人単位の計算書類（第1様式）」、「法人単位の計算書類に対応する附属明細書」及び法人単位貸借対照表に対応する財産目録の項目となります。

解説

　計算関係書類には、法人単位（第1様式）、事業区分別（第2様式、第3様式）、拠点区分別（第4様式）の貸借対照表と収支計算書、及び計算書類に対する注記（法人単位に対応、拠点区分に対応）、さらには附属明細書（法人単位に対応、拠点区分に対応）が存在します。このうち、会計監査人の監査対象となるものは以下のとおり「法人単位」に関するものとなります。

（会計監査人の監査対象）
【法人単位の計算書類（第1様式）】（規則2条の30第1項2号）
　① 法人単位貸借対照表
　② 法人単位資金収支計算表
　③ 法人単位事業活動計算書
　④ 法人全体についての計算書類に対する注記
【法人単位の計算書類に対応する附属明細書】（規則2条の30第1項2号）
　① 借入金明細書
　② 寄付金収益明細書
　③ 補助金事業等収益明細書
　④ 基本金明細書
　⑤ 国庫補助金等特別積立金明細書
　また、法人単位貸借対照表に対応する財産目録の項目についても監査対象に含まれています（規則2条の22）。

監査手続の概要

会計監査人による監査手続の概要について教えてください。

会計監査人による監査手続は大きく以下の流れで年間を通じて実施されます。
① 法人の事業や事業環境、内部統制等について理解及び評価したうえで、監査計画を作成する。
② 監査計画に基づき、法人の帳簿についてサンプルベースの証憑チェックや、数字の分析、現物の実査、預金の残高確認等といった手続を実施する。
③ 帳簿に基づき、計算関係書類が適切に作成されていることを検討する。
④ 監査の結果を、監査意見として表明する。

解説

　会計監査は、法人の計算関係書類が適切に作成されていることについて監査意見を表明することを目的とします。そのためには、計算関係書類のベースとなる帳簿が会計基準等に照らして適切に作成されていることを確かめる必要があります。帳簿の検討方法としては、全ての会計処理を検討すること（精査）が最も正確となります。しかしながら、会計監査人による監査には時間的にもコスト的にも限界があるため、原則として精査ではなくサンプルベースでの検討（試査）を実施します。試査により検討した結果をもって、財務諸表全体として適切であることを確認することになりますが、精査ではないため、どの取引や勘定科目を重点的に検討する必要があるかといった、リスクの識別が重要となります。そこで、法人の事業や事業環境、法人内の内部統制の整備状況に関する理解及び評価、内部統制が適切に運用されていることの検討等により、監査で重点的に検討しなければならないリスクを識別し、監査計画を作成します。この監査計画に従って、効果的かつ効率的な監査を実施することになります。

第4章　社会福祉法人の財務規律

会計監査人

 会計監査人はどのような人がなるのでしょうか。

 会計監査人として選任できるのは、監査法人又は公認会計士のみです。

解説

　会計監査人による監査は、監査法人又は公認会計士のみが実施することができます。監査法人とは、監査証明業務を組織的に実施することを目的として5人以上の公認会計士が共同して設立した公認会計士法上の特別法人です。

　また、会計監査人に監査対象となる法人と利害関係がある場合、監査の実効性を損なう可能性があるため、公認会計士法により独立性の確保が義務付けられています。したがって、例えば評議員、理事、監事、職員及び顧問会計士と兼任することはできません。

　なお、仮に現在監事や税務顧問に就任している公認会計士を会計監査人として選任する場合には、監事や顧問会計士を所定の時期までに退任してもらう必要があります。以下、参考に公認会計士協会が公表している資料を紹介します（日本公認会計士協会　公認会計士監査（会計監査人の監査）の概要【資料1】より抜粋）。

資料1

監事の場合の退任期限の例示

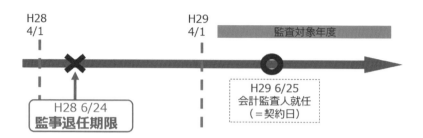

公認会計士又はその配偶者が、当該社会福祉法人・医療法人の**役員、これに準ずるもの若しくは財務に関する事務の責任ある担当者**であり、又は**過去1年以内**にこれらの者であった場合には、当該法人に対して監査業務を行うことはできません。
（参考法令：公認会計士法第24条第1項第1号）

※上記はあくまでも例示です。実際の判断はお近くの公認会計士にご確認ください。

資料1

税務顧問の場合の退任期限の例示

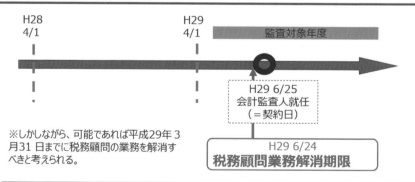

※しかしながら、可能であれば平成29年3月31日までに税務顧問の業務を解消すべきと考えられる。

税務顧問に就任している公認会計士又はその配偶者が、被監査法人等から当該業務により継続的な報酬を受けているときには、監査業務を行うことはできません。
（参考法令：公認会計士法第24条第1項第三号及び第2項、同施行令第7条第1項第六号）

※上記はあくまでも例示です。実際の判断はお近くの公認会計士にご確認ください。

第4章 社会福祉法人の財務規律

会計監査人監査によるメリット

会計監査人監査を受けることによる法人のメリットはあるのでしょうか。

会計監査人監査を受けることにより、法人としては以下のようなメリットを得ることができます。
① 法人の社会的信頼性の向上に寄与する。
② 財務情報を適時に把握できる管理体制の整備・経営力強化に寄与する。
③ 経営課題を浮き彫りにし、課題解決にともに取り組んでもらえる。
④ 不正の防止、発見効果が上がる。
⑤ 業務プロセスの見える化により、効率的な経営の実現に寄与する。

解説
1 会計監査人による監査の機能
　会計監査人監査の目的は、監査を受ける法人を取り巻く利害関係者に対して、法人の財務報告の信頼性を担保することにあります。すなわち、一義的には法人のためではなく、法人の計算関係書類を利用する利害関係者のために監査を実施することが目的といえます。しかしながら、会計監査人が法人の計算関係書類の監査をする過程では、法人の財務報告に関する内部統制をはじめ、法人の経営に関する管理体制について専門家として評価することになります。そこで発見された管理上の問題点や、経営上の課題が発見された場合には、理事や監事、関連する職員へ報告し、共に協議しながら解決に取り組むという指導的機能も期待されます。そこで、一般的に想定される会計監査人監査を通じて法人が受けるメリットについて以下に説明していきたいと思います。

2 想定されるメリット
(1) 法人の社会的信頼性の向上に寄与する。
　　外部からの監査を受けることで、財務情報の信頼性が向上し、法人の社会的な信頼性が高まります。

197

(2) 財務情報を適時に把握できる管理体制の整備・経営力強化に寄与する。

　　適切な計算関係書類が作成されるプロセスを整備することにより、経営判断（施設の新改築、職員の雇用、待遇改善等）に必要な法人の財政状態が信頼性をもって適時に把握できるようになり、適時適切な意思決定に寄与します。

(3) 経営課題を浮き彫りにし、課題解決にともに取り組んでもらえる。

　　監査への対応や、会計監査人からのアドバイス等を通じて、業務の効率化が期待されます。

(4) 不正の防止、発見効果が上がる。

　　不正発見は会計監査人監査の主目的ではありませんが、不正発見の早期化や不正の抑制効果が期待できます。不正は一度発生すると、その後処理に相当のコストがかかりますが、このようなコストの回避につながります。

(5) 業務プロセスの見える化により、効率的な経営の実現に寄与する。

　　会計監査人監査の導入により、理事会規程、監事監査規程、評議員会規程、ＩＴ情報処理規程等の規程・内規の整備及び定着が進むきっかけになります。経理業務の業務手順書・フローチャートなど、業務フローに関する文章の充実も期待できます。これらの整備が進むことは、業務の透明性が向上するほか、法人の組織的な運営や、会計責任者・担当者の育成、円滑な引継に役立ちます。

会計監査人監査の対応

会計監査人監査は法人内の誰が対応することになりますか。

監査対応の窓口としては、通常は法人全体の決算を担当しており、社会福祉法人会計基準についても理解している経理部署の人材が想定されます。

解説

　会計監査は年間を通して実施されます。また、監査手続に際しては、各種資料の依頼や、各施設担当者へのヒアリングを実施する必要があるため、それらの準備や日程調整等を実施する法人側の窓口担当者を決めておく必要があります。通常は法人の決算を担当しており、社会福祉法人会計基準についても理解している経理部署の人材が想定されます。しかしながら、例えば拠点ごとの経理担当者しかおらず、法人全体について把握している人材がいない場合は、だれが監査窓口を担当するのか事前に検討する必要があり、場合によっては法人本部としての人材を新たに確保する必要があります。その上で、担当者については監査対応時間を確保しておく必要があります。

　なお、会計監査人の工数は、法人側の窓口担当の段取りに大きな影響を受けることになります。したがって、特に特定社会福祉法人においては、法人全体の概要を把握しており、かつ社会福祉法人会計基準についても精通した人材の確保が重要となるため留意が必要です。

会計監査人監査のスケジュール

会計監査人監査のスケジュールを教えてください。

会計監査人監査のスケジュールや監査手続は、法人の事業内容や規模、内部管理体制等によって異なりますが、基本的な年間スケジュールのイメージとしては以下のとおりとなります。

(図表) スケジュールイメージ

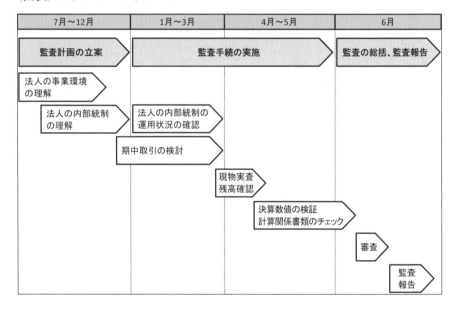

解説
1 会計監査人監査の基本的なスケジュール

会計監査人監査は、法人の計算関係書類が適切に作成されていることを確認するために、各種取引の内容を検証することになりますが、全ての取引についてチェックすることは時間的にもコスト的にも非効率となるため、一定の数をサンプルとして抽出し、そのサンプルについてチェックすることになります。そこで、まずは会計処理を誤るリスクが高い取引の識別や、サンプルによるチェック

をすべき取引の識別といった監査の計画を立案し、その監査計画に基づき決算数値を検証することになります。

以下では、図表に記載した、各手続の概要について説明します。

2 監査手続の概要

(1) 法人の事業環境の理解

監査にあたっては、まずはその法人の事業の内容や、法人がさらされている事業環境に関する理解が必要となります。監査人は法人の事業環境等を理解したうえで、その年の法人が作成した財務情報の数値が、理解した内容と整合した結果となっているかどうかといった視点を持ちながら監査することになります。

監査人は事業環境を理解するため、理事や監事に対するインタビュー（事業概要、組織体制、及び内部管理体制の状況等）や、法人を取り巻く外部環境、内部環境の調査、予算や重要書類のレビュー等の手続を実施します。これらの手続を踏まえて、年間を通じた監査の基本的な方針を決定することとなります。

(2) 法人の内部統制の理解、内部統制の運用状況の確認

前述のとおり、監査は全ての取引についてチェックせずに、サンプルによるチェックを実施します。このサンプルによるチェックを採用するにあたり大前提となるのが、法人の内部統制になります。すなわち、法人の内部統制がしっかりしていると会計監査人が評価できれば、サンプル数は少なくなりますし、逆に内部統制に問題があると評価すればサンプル数は多くなり、最悪の場合は全ての取引について精査が必要と判断することもあります。

そこで、まずは法人の内部統制の状況を理解し、その理解に基づき内部統制が継続して適切に運用されているか検証します。内部統制の検証に関する手続の例を以下に記載します。

① 法人運営全般（役員の選任、決裁体制等）に関するルールが策定されているか、そのルールに基づき法人運営が行われているかの確認
② 日常業務（出納管理、契約・発注先選定、会計処理、債権債務管理体制）に関するルールが策定されているか、そのルールに基づき日常業務が行われているかの確認
③ 計算関係書類の数値に影響を与える会計ソフトの利用状況の確認

④　会計担当者が法人内マニュアルに基づいて会計ソフトを利用しており、承認等の手続が規程どおりに行われているかの確認
　　上記のような視点で、内部統制を理解し、運用状況を確認することになりますが、具体的な手続としては、各担当者へのインタビューや関連書類の閲覧といった手続を実施するため、基本的には各拠点へ会計監査人が訪問することになります。

(3)　期中取引の検討
　　内部統制の検討結果に基づき、期中に発生した取引のうち、一定数をピックアップし、正確に会計帳簿に記帳されているかを確認します。

(4)　現物実査、残高確認
　　重要な監査手続の一つとして、現物実査及び残高確認という手続があります。これらの手続は、基本的に決算日時点（3月末）又はその前後を基準日として実施されます。
　①　現物実査（実地棚卸立会、現金実査）
　　　実地棚卸立会とは、固定資産（器具備品等）や棚卸資産（商品等）がある場合に、実際に現物を確認する手続です。法人が実施している場合には、法人の棚卸方法を確認のうえ、一定数をピックアップし現物を確認します。
　　　また、現金実査とは、現金や商品券等の金券がある場合に、現物を確認する手続です。法人の現物確認方法についても確認します。
　　　実地棚卸立会や、現金実査を実施した後、その結果と帳簿の残高が整合していることを確認します。
　②　残高確認
　　　預金等、外部に預けているため現物が確認できないもの、未収金・未払金等の債権債務については、その取引先に会計監査人が確認状を送り、取引先が認識している金額を記載してもらい、直接会計監査人へ返信してもらいます。この返信と帳簿の金額が一致していることを確認します。

(5)　決算数値の検証・計算書類のチェック
　　決算資料、及び勘定内訳表等の決算数値について、現物実査や確認状の回

答との一致を確認します。また、決算数値の根拠となる資料の閲覧等を実施します。その他、決算数値が誤っていないことを確認するために、主に以下の手続も実施します。
① 前期比較分析
② 予算比較分析

決算数値の検証が完了した後に、計算関係書類の科目や金額、その他の記載事項が誤っていないことを確認します。

(6) 審査

監査を実施した担当者とは別の担当者が、監査実施者がきちんと監査を実施したかについて、確認を行います。これは会計監査人側内部の手続となります。審査の結果によっては、追加の監査手続が必要となる場合もあります。

(7) 監査報告

審査終了の後、監査報告書を提出します。また、監査実施内容や今後法人が改善すべき課題についても報告します。

監査対応のための準備

監査対応のために必要となる準備を教えてください。

社会福祉法人において、一般的に想定される主な事前準備事項は以下になります。
① 監査対応の人員を確保する。
② 業務手順を組織内で共通化する。
③ 会計処理の根拠資料を検証可能な状態で整理する。
④ 会計処理の根拠資料を網羅的に保管する。
⑤ 内容の不明な残高が勘定科目内訳に残っていないか確認し内容を整理する。
⑥ 発生主義で会計処理を行うために必要となる情報を収集する。
⑦ 固定資産台帳に記載されている資産が実在しているか確認する。
⑧ 在庫が存在する場合は、実地棚卸を適切に実施する。
⑨ 在庫が存在する場合は、在庫の受払記録を作成する。

なお、法人に応じてこれ以外にも事前に対応すべき課題が存在していると考えられるため、監査導入前の段階で、公認会計士や監査法人による事前の指導を受けることをお勧めします。

解説

1 監査対応のための事前準備の重要性

会計監査を受ける時点で、会計監査の受入体制が整っていなければ、体制の整備のために予定外の時間が必要となり、スムーズな監査導入ができなくなる可能性があります。その結果、職員の監査対応時間が増加するだけではなく、会計監査人の工数増加に伴い監査報酬も増加してしまう可能性があります。

以下では法人において、一般的に想定される、事前に対応すべき課題の主な事例について説明します。なお、対応すべき課題は、各法人によって異なるため、自力で課題を網羅的に識別し、解決するための体制を整備することは時間がかかり、また困難であることが予想されます。可能であれば、監査導入前の段階で、公認会計士や監査法人による事前の指導を受けることが最も効果的かつ効率的であるかと思いますので、ご検討されることをお勧めします。

2 事前に対応すべき課題の事例

(1) 監査対応の人員は確保されているか

　会計監査は年間を通して実施されます。また、監査手続に際しては、各種資料の依頼や、各施設担当者へのヒアリングを実施する必要があるため、それらの準備や日程調整等を実施する法人側の窓口担当者を決めておく必要があります。通常は法人の決算を担当しており、社会福祉法人会計基準についても理解している経理部署の人材が想定されます。しかしながら、例えば拠点ごとの経理担当者しかおらず、法人全体について把握している人材がいない場合は、だれが監査窓口を担当するのか事前に検討する必要があり、場合によっては法人本部としての人材を新たに確保する必要があります。その上で、担当者については監査対応時間を確保しておく必要があります。

　なお、会計監査人の工数は、法人側の窓口担当の段取りに大きな影響を受けることになります。したがって、特に特定社会福祉法人においては、法人全体の概要を把握しており、かつ社会福祉法人会計基準についても精通した人材の確保が重要となるため留意が必要です。

(2) 業務手順は組織で共通化されているか

　法人によっては、「業務は担当者任せで、組織として業務手順を定めたものはないため、担当者によって、業務のやり方が異なる」、「何のために実施している業務かわからない業務がある」といった状況にあるかもしれません。

　業務を担当者任せにした場合、担当者により、業務内容の理解や作業範囲にばらつきが生じることから、本来の業務の効果が得られない、実施すべき業務に漏れが生じる、他の担当者と作業が重複するというような事態が発生する可能性があります。組織運営を効果的かつ効率的に行うためにも、監査の前提である内部統制の整備のためにも、組織共通の業務プロセスを可視化し、組織に浸透させることが必要です。

(3) 会計処理の根拠資料は検証可能な状態で整理されているか

　法人によっては、「納品書、検収書、請求書などの証憑書類は体系的に整理されてはいないため、どの証憑書類がどの会計処理に対応しているのか、後からは確認できないものがある」といった状況にあるかもしれません。

　伝票番号等を根拠資料（証憑書類、計算資料など）に付すなどし、会計処

理と根拠資料の関連が明確になるようにしておく必要があります。なお、監査の過程で会計監査人から会計処理の根拠資料を依頼されたにもかかわらず、資料が見つからずに提出できなかった場合は、監査意見にも影響してしまう可能性があるため特に留意が必要です。

(4) 会計処理の根拠資料はすべて網羅的に保管されているか

　法人によっては、「会計処理の根拠資料について、すべてが揃っているわけではない」といった状況にあるかもしれません。

　過去からの慣習などで会計処理の根拠資料（契約書や検収書等）の取り交わしを行わずに、口頭のみでのやり取りで取引しているケースがあります。そういった場合は、先方と交渉し、本来あるべき契約書や検収書等を取り交わすようにしてください。また、会計処理の根拠資料が法人のコンピュータ・システムのデータである場合、毎年の決算日時点のデータが保存されていることが必要ですので、この点にも注意が必要です。

(5) 内容の不明な残高が勘定科目内訳に残っていないか

　法人によっては、「貸借対照表の残高の中に、内容の分からないものがある」といった状況にあるかもしれません。

　例えば、未収金、立替金、前払金、前払費用、仮払金、未払金、預り金、前受金、前受収益、仮受金といった勘定科目の内訳の中に、内容が不明なものがある場合は調査したうえで整理する必要があります。勘定科目内訳で『諸口』や『その他』で表示されているものについても、その内容を把握する必要があります。

　貸借対照表の残高に「実は内容が何なのかよく分からない」というものがある場合は、一度過去の帳簿類にまでさかのぼって、内容不明の残高の調査を行い、内容を把握・整理する必要があります。

(6) 発生主義で会計処理を行うために必要となる情報は収集できているか

　現状で、現金主義に基づいて会計処理している項目がある場合、発生主義会計に直すことが可能か検討する必要があります。

　これまで監査を受けてこなかった社会福祉法人では、一部の処理について、収益と費用を現金の受け渡しの時点で計上する現金主義で処理していることも珍しくありません。例えば、利用料を翌月に受領した場合に、サービ

スを提供した時点で収益を計上するのではなく、現金受領のタイミングで収益が計上されるような状況や、給与や賞与といった人件費について、支払時に費用が計上されるような状況が該当します。しかし、すべての収益・費用は、現金の収入や支出の時点ではなく発生主義、すなわち物品やサービスがお客様に渡った時点で収益を計上する、あるいはサービスの提供を受けたときに費用を計上するという会計処理が基本となります。従来から現金主義に基づいて会計処理している項目がある場合、発生主義に直そうと思っても必要な情報がすぐには収集できない場合がありますので、留意が必要です。

(発生主義の例)
① 補助金対象事業や助成事業を実施しているものについては、支給額の確定書類などの発行が決算日までに間に合わなかったとしても(例えば、翌4月末に書類が届いた)、対象期間が当期であるものは、漏れなく決算期間中に当期の収益として未収計上する必要がある。
② 当期に受けたサービスについては、請求書の到着が間に合わなかったとしても(例えば、翌4月末に到着した)、対象期間が当期であるものは、漏れなく決算期間中に当期の費用として未払計上する必要がある。
③ 給与を15日締め25日払としている場合、決算月(3月)の15日〜末日までの給与については、未払計上する必要がある。

(7) 固定資産台帳に記載されている資産は実在しているか

　法人によっては、「固定資産台帳には載っているが、現物に管理番号は付していないし、現物の置き場所も頻繁に変更しているので、台帳上の資産がどこにあるのか、そもそもあるのかないのかが分からない」といった状況にあるかもしれません。

　個々の固定資産ごとに管理番号を付し、定期的に現物の所在確認をするなどして、台帳上の資産と現物との照合を行う必要があります。なお、リース契約により使用している資産も同様です。

(8) 実地棚卸はきちんとやっているか

　在庫が存在する事業を実施している法人の場合、「在庫の実地棚卸はやっていない」あるいは「実地棚卸はやっているが、精度は十分ではないかもしれない」といった状況にあるかもしれません。

決算のための実地棚卸は通常期末時点でしかできない作業のため、後からやり直すことはできません。実施マニュアルで棚卸方法を具体的に定めるなどし、担当者全員に周知徹底した上で実施する必要があります。棚卸方法を定めるに当たっては、カウント漏れや、カウント間違いのないよう、棚卸原票の使用や別の担当者によるダブルカウント等を取り入れるといった配慮が必要となります。

(9)　在庫の受払記録は作成しているか

　法人によっては、「実地棚卸をやっているので、在庫の受払記録は作成していない」といった状況にあるかもしれません。

　在庫は誤謬（カウント漏れやカウント間違い等）や不正（横領や水増し等）のリスクが高い項目ですので、実地棚卸だけでなく、受払記録の作成も同時に行いながら、両者を比較して管理していくことが求められます。なお、実地棚卸に監査人が立ち会えず、かつ継続受払記録も作成されていない場合、監査人が在庫の妥当性を検証する手段がなくなってしまうため、監査実施上の重大な制約になる可能性があります。

第4章 社会福祉法人の財務規律

監査契約締結前の事前調査

監査契約を締結する際に事前調査が必要と伺いましたが、どのような調査が実施されるのでしょうか。

会計監査人は監査契約を締結する前に、法人が監査に耐えうる状況にあるかどうか、また監査の前提として事前に法人が改善すべき課題等を識別するために予備調査を実施します。

解説

　会計監査人は法人の計算関係書類が適切に作成されているか否かについて監査意見を表明する責任があります。したがって、仮に計算関係書類の重要な誤りに気付くことができず、適正意見を表明してしまった場合、その状況によっては、利害関係者より会計監査人に対しても責任が追及されるリスクがあります。そのため、監査法人や公認会計士はどのような法人とでも監査契約を締結するわけではなく、事前調査により受嘱の可否を評価する必要があります。

　予備調査の実施内容は、その法人の状況や公認会計士の判断により異なりますが、主に以下のような内容を1週間程度で調査します。この過程で識別された課題については、監査開始年度までに改善する必要となります。

① 法人に関する概況や運営方針等の理解（理事長との面談や関連資料の閲覧含む）
② 監査に対応可能な内部統制が構築されているかの確認（担当者への質問や、関連資料の閲覧含む）
③ 過去の計算関係書類のレビュー（採用している会計方針のチェックも含む）
④ 監査に協力する体制にあるか否かの確認　等

会計監査人が特に重視するポイント

会計監査人が特に重視するポイントを教えてください。

会計監査人は、法人の事業や事業環境の理解、内部統制の評価結果等に基づき、法人が特に会計処理を誤る可能性が高い取引や事象について、特別に検討が必要なリスクとして識別し、重視することになります。

解説
1 特別に検討が必要な事項の決定

会計監査人監査の目的は、法人の計算書類が適切に作成されているかを確認することにあります。会計監査人は、限られた時間やコストの中で、効果的かつ効率的な監査を実施するために、法人の事業や事業環境に関する理解や、内部統制の評価結果等に基づき、その法人が特に会計処理を誤る可能性が高い取引や事象を識別します。また、会計監査人は直接的に不正を発見することを目的としていませんが、不正が生じた結果、会計処理が不適切となるリスクは想定して監査計画を立案するため、不正が発生するリスクについても識別します。そして、会計監査人はそのように識別した取引や事象について、特別に検討が必要なリスクとして、その年度の監査においては特に重視することになります。逆に、会計処理を誤る可能性は低い、または金額的に重要性が低いと判断した取引等については、監査手続も省力化されることになります。このように、会計監査人は会計処理が誤るリスクに応じて、メリハリをつけた監査手続を計画することになります。

会計監査人により、特別に検討が必要なリスクとして識別された項目については、特に注目して監査されることから、例えばチェックするサンプル数の増加や、関連する関係者に対する質問の増加等、手続が多くなることになります。そのため、会計監査人としても法人側の協力が必要となることから、基本的には、今年はどのような項目を特別に検討が必要なリスクとしているかについて、法人にも事前に説明することが多いと思われます。

2 特別に検討が必要なリスクの例

どのような取引や事象を特別に検討が必要なリスクとするかは、その法人の事

業内容や、事業の状況、規制、理事者の経営に関する姿勢等により異なることになりますが、社会福祉法人の場合は、通例ではない重要な取引や、理事者の恣意性が介入する取引については識別される可能性が高いです。具体的なイメージとして例を以下に記載します。

（施設投資に関する不正リスク）
　例えば、法人が当期に新たな施設を建設することを意思決定しているが、建設業者が理事長と緊密な関係にある会社であった場合、会計監査人は理事長が建設業者と結託し、工事費等を水増しする可能性があると判断するかもしれません。この場合、会計監査人はこの新規施設の建設に関する取引について、特別に検討が必要なリスクとして識別し、詳細な監査手続を計画することになります。

会計監査人監査と内部統制

会計監査人監査と内部統制はどのような関係にあるのですか。

会計監査人は、法人の内部統制を評価し、依拠することで効果的かつ効率的な監査を実施します。法人の内部統制が適切に整備、運用されていれば、会計監査人の監査手続は効率化することができますが、内部統制に不備がある場合は、会計監査人の監査手続が増加する関係にあります。

解説

　会計監査人は法人が作成した計算関係書類について監査を実施するわけですが、計算関係書類を作成する責任自体は法人の理事者にあります。そのため、理事者は適切に計算関係書類を作成するための内部統制を構築する必要があります。この内部統制が適切に整備され、運用されていれば計算関係書類の適切な作成につながることになります。

　一方、会計監査人は、法人が作成した計算関係書類について監査を実施する際に、計算関係書類の内容が誤ってしまうリスクを評価することになります。法人の内部統制が適切に整備、運用されていれば、そのようなリスクも軽減されると評価できるため、監査手続も効率化することが可能となります。逆に、法人の内部統制に重要な不備がある場合は、計算関係書類の内容が誤ってしまう可能性が高くなるため、監査人の手続も増加しなければなりません。

　したがって、法人が適切な内部統制を構築していない場合は、会計監査人の工数が増加することで、法人内の監査対応コストの増加や、場合によっては追加の監査報酬が発生する可能性もあるため留意が必要となります。

会計監査人による内部統制の評価

会計監査人は内部統制をどのように評価するのですか。

会計監査人は、監査に関連するリスク評価の一環として、主に計算関係書類の適切な作成に関連する内部統制（財務報告目的の内部統制）を対象として、関係者に対する質問や関連資料の閲覧等によりその整備状況及び運用状況を評価します。

解説

会計監査人は、計算関係書類が誤って作成される原因となるリスクの評価を実施しますが、その過程で法人の内部統制を評価することになります。したがって、計算関係書類の適切な作成に関連する内部統制（財務報告目的の内部統制）について評価することになります。

具体的に評価対象となる内部統制は法人の状況によって異なりますが、一般的な評価対象と、評価手続を以下に要約します。

対象	内部統制の内容	手続
全体的な内部統制	理事会の運営状況、職務分掌や職務権限規程等の各種規程の整備といった、法人運営の基本となる内部統制	理事や監事に対する質問、議事録や規程等の関連資料の閲覧等により評価します。
業務プロセスごとの内部統制	・事業収入に関するプロセス（契約、サービス提供から収益計上、未収金の回収までの一覧の業務手順） ・人件費に関するプロセス（入社及び退職、勤務時間管理、給与計算、給与計上、給与支払等の一連の業務手順） ・その他、固定資産関係のプロセス、経費関係のプロセスや在庫関係のプロセス、資金調達に関するプロセス等	評価が必要と判断した業務プロセスについて、関連規程や業務マニュアルの閲覧、各担当者に対する質問、関連資料の閲覧により、業務手順を理解し、その中で想定されるリスク（処理誤りや処理漏れといったリスク）に対する内部統制（チェック体制等）の整備状況を評価します。その上で、重要と判断した内部統制については、それが年間を通じて適切に実施されていることを確認するため、関連する管理資料をサンプルベースで検証し運用状況を評価します。
決算財務報告に関する内部統制	年度末の決算処理、計算関係書類の作成手続に関する内部統制（主に決算時の会計処理に関する内部統制）	会計処理が会計基準に準拠して実施され、適切なチェックや承認がなされていることを、担当者への質問や関連資料の閲覧により確認します。
ITに関する内部統制	業務管理に導入されているシステムに関する全般的な管理体制	担当者に対する質問や関連資料の閲覧により評価します。

第4章 社会福祉法人の財務規律

決算時の監査

決算時の監査ではどのような手続が実施されるのですか。

決算時の監査では主に以下の手続が実施されます。
① 現金等の実査
② 棚卸資産や固定資産の実地棚卸立会
③ 銀行預金や債権債務の残高確認
④ 残高や取引高に対する証憑照合、前期比較や予算比較等の分析手続

解説
1 会計監査の本番
　会計監査で最も重要な手続が実施される時期が、法人の年度決算が締まった後に実施される本決算の監査になります。実施される時期は3月末前後に実施される実査、実地棚卸立会手続と、4月後半から5月にかけて実施される監査手続が存在します。法人としても会計監査人が実施する手続を事前に把握し、準備しておくことで監査対応を効率化することができますので、以下では主な監査手続の内容について説明します。
　なお、実際は、決算が締まる前に会計監査人と決算前ミーティングを実施し、会計処理上トピックになりそうな事項に関する相談や、必要な準備事項を具体的に確認しておくことをお勧めします。

2 監査手続の説明
　以下では、決算時の監査で実施される主な監査手続について説明します。
(1) 実査
　　実査とは、現金や商品券等の金券、その他貴重品について実際に現物を会計監査人が数えて、帳簿と一致していることを確かめる手続になります。基本的には決算期末日時点の現金残高を実査することになるため、3月31日の締めが終了した時点から次に現金が動くまでの間に、現金等が保管されている拠点に伺い、実査を行うことになります。もし、決算期末日から数日ずれた時点で実査をする場合は、帳簿に基づきながら決算期末日から実査をした時点までの現金の入出金について、裏付け資料を確認することになります。

215

現金については法人側で毎日の締め処理において、現物と帳簿の一致を確認し、仮に現物と帳簿に差異がある場合はその原因を日々調査しているかと思います。もし、このような日々の現金管理を実施していない場合、会計監査人の実査により現物と帳簿の差異が発覚すると、その後の調査が非常に困難となるため、現金を管理している全ての拠点において適切な現金管理がなされているか事前に確認しておく必要があります。

(2) 実地棚卸立会
　実地棚卸とは、法人が棚卸資産や固定資産について現物をカウントし、現物をカウントした結果に基づき、帳簿の金額を確定させる手続であり、立会とは法人が実施している実地棚卸の現場に会計監査人が同席し、法人の棚卸が適切に実施されているか視察し、サンプルで直接現物をカウントする等の手続を意味します。基本的に、法人の棚卸資産や固定資産に金額的重要性が高い場合で棚卸を実施している際に、会計監査人もその実地棚卸に立ち会うことになります。実地棚卸を実施していない場合は、会計監査人から実地棚卸の実施を要請される可能性もあるため事前に会計監査人へ確認しておく必要があります。

(3) 残高確認
　残高確認とは、預金等、外部に預けているため現物が確認できないものや、未収金・未払金等の債権債務について、金融機関や取引先に返信用手紙（確認状といいます）を送り、決算末日時点等の指定した時点における法人に対する残高金額を記載してもらい、直接会計監査人へ返信してもらう手続になります。この返信と帳簿の金額が一致していることを確認し、もし差異がある場合は、法人の帳簿を修正する必要があるか否か調査することになります。
　なお、この確認状は法人に作成を依頼することになります。通常は銀行に対する確認状は全ての預金口座について確認状を発送することが多く、4月初旬には発送することになるため、3月中から発送対象となる銀行を法人側が整理し、監査人が用意した確認状の様式に発送先の住所を記載する等の準備をしておく必要があります。また、未収金や未払金については、決算締めをし、相手先別の内訳明細が完了した時点で会計監査人が発送先のサンプルを抽出し、抽出された取引先について確認状を発送することになります。銀

行口座について法人が把握している金額と差異が生じることは稀ですが、債権債務については差異が発生することが多いです。例えば、未払金であれば3月中に計上すべき請求書が締めまでに到着していなかったことから未払金を計上していなかった等の理由により差異が生じている場合は、その金額を未払金の修正として帳簿に追加計上することになります。差異調整については法人が実施することになります。場合によっては取引先の担当者と連絡をとりながら調整する等、時間がかかる可能性があるため、会計監査人と状況を共有し、アドバイスを求めながら進めていく必要があります。

(4) その他の監査手続

　実査、実地棚卸立会、及び残高確認以外の監査手続としては、大きく帳簿残高や取引仕訳に関する根拠資料との照合手続と、前期数値や予算数値との比較や、経営指標を用いた分析を行い、増減内容を質問するといった比較分析手続が存在します。

　照合手続の例としては、当期に新規の施設や、備品といった固定資産を取得した取引があった場合は、その取引の中からサンプルを抽出し、関連する根拠資料（法人内の決裁書、発注書、見積書、検収書、請求書及び支払を確認できる通帳等）を確認することで会計処理の妥当性や金額の一致等を評価することになります。また、比較分析手続の例としては当期の経費項目と前期や予算の経費項目の金額を比較し、大きく増減している場合や、想定と異なる動きをしている場合は、その要因を法人へ質問し、合理的な理由によるものか否か（会計処理を誤っていることに起因していないか否か）を評価することになります。

　決算時の監査では、この照合手続や比較分析手続に費やす時間が一番多くなります。また、法人の担当者も監査人から多くの資料の提出や質問事項の対応を依頼されるため、事前に準備していない場合は、かなりの工数が発生することが想定されます。したがって、あらかじめ会計監査人と協議をし、事前に依頼されることが想定される資料はすぐに提出できるようにファイリングし、また決算数値の対前期や対予算との増減内容についてはすぐに説明できるように、期中から随時把握しておくような管理体制を構築しておく必要があります。

監査結果の報告

会計監査人の監査結果はどのような形で報告されるのですか。

監査報告書により、計算関係書類が全体として適正であったか否かを意見表明されることとなり、意見の形式は以下の4種類となります。
① 無限定適正意見
② 除外事項を付した限定付適正意見
③ 不適正意見
④ 意見不表明

解説
1 会計監査人の意見の種類

　会計監査人による監査手続が完了すると、監査報告書という書面により会計監査人の監査意見が表明されます。会計監査人は個々の会計処理に関する評価はせずに、計算関係書類全体として適正であったか否かの意見のみを表明することになります。しがたって、監査報告書はあらかじめ形式が決まっており、意見の内容も以下の4種類となっております（規則2条の30）。

意見の種類	内容
無限定適正意見	計算関係書類は、一般に公正妥当と認められる社会福祉法人会計の基準に準拠して、当該計算関係書類に係る期間の財産、収支及び純資産の増減の状況を全ての重要な点において適正に表示していると認める。
除外事項を付した限定付適正意見	計算関係書類は、除外事項を除き一般に公正妥当と認められる社会福祉法人会計の基準に準拠して、当該計算関係書類に係る期間の財産、収支及び純資産の増減の状況を全ての重要な点において適正に表示していると認める。
不適正意見	計算関係書類は、不適正であると認める。
意見不表明	重要な監査手続を実施することができず、結果として十分かつ適切な監査証拠を入手できなかったため、計算関係書類に対して意見を表明しない。

第4章　社会福祉法人の財務規律

2　その他の報告

　会計監査人による監査に関する結論としては、監査報告書による意見表明のみで報告されます。

　しかしながら、会計監査人は法人の監査を実施しているなかで、内部統制上の問題点や会計処理に関する問題点等、法人の課題について発見しています。この監査の過程で発見された問題点については、監査報告書とは別に、法人に対する指導的機能として、理事や監事、経理担当者に向けて書面を用いながら報告されることが一般的です。会計監査人監査は毎年継続的に実施されるため、発見された課題は次年度以降の会計監査人監査の中で、改善状況等についてモニタリングされ、必要に応じてアドバイスされることが期待されます。

無限定適正意見

Q87 無限定適正意見とは何ですか。

 無限定適正意見とは、計算関係書類が「全ての重要な点において適正に表示している」と認めた場合に表明する意見です。

解説

　無限定適正意見とは、会計監査人が一般に公正妥当と認められる社会福祉法人会計の基準に準拠して、法人の計算関係書類が「全ての重要な点において適正に表示している」と認めた場合に、その旨を監査報告書に記載することになります。仮に計算関係書類に誤りがある場合でも、限定付適正意見とするほどの重要性がない場合は無限定適正意見が表明されます。したがって、法人としては無限定適正意見が表明される必要があります。

第4章　社会福祉法人の財務規律

除外事項を付した限定付適正意見

除外事項を付した限定付適正意見とは何ですか。

除外事項を付した限定付適正意見とは、計算関係書類の一部に誤りがある又はその可能性があるが、それが計算関係書類全体に対してそれほど重要性がないと考えられる場合に「除外事項を除き、全ての重要な点において適正に表示している」と認めたことを表明する意見です。

解説

限定付適正意見とは、以下の場合に表明されます。
① 会計監査人が、十分かつ適切な監査証拠を入手した結果、誤りがあるものの、計算関係書類に及ぼす影響が、個別に又は集計した場合に、重要であるが広範ではないと判断する場合
② 会計監査人が、無限定適正意見表明の基礎となる十分かつ適切な監査証拠を入手できず、かつ、未発見の誤りがもしあるとすれば、それが計算関係書類に及ぼす可能性のある影響が、重要であるが広範ではないと判断する場合

限定付適正意見は、一部に問題はあるものの、計算関係書類全体としては適正と認められており、「適正」という意味では無限定適正意見と同じです。しかしながら、不適切な事項が発見されている場合は修正すべきですし、無限定適正意見を表明できないほどの重要な監査証拠を提出できないような管理体制には問題があります。したがって無限定適正意見が表明されるように努める必要があります。

不適正意見

不適正意見とは何ですか。

不適正意見とは、不適正な事項が発見され、それが計算関係書類全体に重要な影響を与える場合に、「適正に表示していない」と認めたことを表明する意見です。

解説

不適正意見とは、会計監査人が十分かつ適切な監査証拠を入手した結果、発見された誤りが計算関係書類に及ぼす影響が、個別に又は集計した場合に、重要かつ広範囲であると判断する場合に表明されます。

会計監査人に計算関係書類は不適正であると認められるため、この意見が表明されることだけは避けなければなりません。そのため、重要な誤りが発見された場合は適切に修正する必要があります。

意見不表明

Q90 意見不表明とは何ですか。

意見不表明とは、重要な監査手続が実施できず、結果として十分な監査証拠が入手できない場合で、その影響が計算関係書類に対する意見表明ができないほどに重要と判断した場合に、「適正に表示しているかどうかについての意見を表明しない」ことを意味します。

解説

会計監査人は以下の場合、意見を表明してはならないとされています。
① 会計監査人は、意見表明の基礎となる十分かつ適切な監査証拠を入手できず、かつ、未発見の誤りがもしあるとすれば、それが計算関係書類に及ぼす可能性のある影響が、重要かつ広範であると判断する場合には、意見を表明してはならない。
② 会計監査人は、複数の不確実性を伴う極めてまれな状況において、たとえ個々の不確実性については十分かつ適切な監査証拠を入手したとしても、それらが計算関係書類に及ぼす可能性のある累積的影響が複合的かつ多岐にわたるため、計算関係書類に対する意見を形成できないと判断する場合には、意見を表明してはならない。

意見不表明の場合、計算関係書類は適正と認められていないことを意味するため、意見不表明とされることは避けなければなりません。法人としては会計監査人が必要と判断し依頼された会計処理に関する根拠資料は全て提出できるように、根拠資料を管理保管する体制の構築が必要となります。

監査結果が法人に与える影響

会計監査人の監査結果が法人に与える影響としてはどのようなことが想定されますか。

無限定適正意見及び限定付適正意見が表明された場合は、法人の計算関係書類に対する信頼性が保証されることになりますが、不適正意見や意見不表明となった場合は、法人運営に重要な影響が生じることになると考えられます。

解説

　無限定適正意見や限定付適正意見が表明される場合は、法人の計算関係書類に対する信頼性が保証されることになります。一方、不適正意見や意見不表明となった場合の影響については、現時点では具体的な規定は公表されていませんがそれなりのペナルティーが科されることが想定されます。

　上場企業に対する監査であれば、不適正意見や意見不表明となった場合は上場廃止となる可能性があるほど重要な問題とされています。また、社会福祉法人における過去の行政による指導を見ると、多額の使途不明金や、理事に対する不適切な資金流出等、不適切な財務運営が行われていた法人に対しては、改善命令や解散命令が発せられている場合もあります。これらを鑑みると、今後は会計監査人の監査意見が法人運営の適正性の評価基準として追加されることが予想されるため、不適正意見や意見不表明となった場合は、法人運営に重要な影響が生じることになると考えられます。

監査報酬の目安

会計監査人に対する報酬の目安を教えてください。

会計監査人の報酬は工数に影響するため、その法人の規模や管理体制によって左右されますが、次頁の表を参考にしつつ、公認会計士又は監査法人から見積を取り比較検討されることをお勧めします。

解説

　会計監査人の報酬は、人数当たりの工数に単価を乗じることで算定されます。そのため、その法人の規模や管理体制によって工数も変動することになります。一般的には個人の公認会計士よりも監査法人による監査の方が監査に対する信頼性が高い代わりに単価も高くなる傾向にあります。

　ここでは、会計監査人に対する報酬の目安として、公認会計士協会より公表されている、他の監査制度における監査報酬の統計資料を紹介します（日本公認会計士協会　公認会計士監査（会計監査人の監査）の概要　資料1より抜粋）。

資料1

VI. 監査報酬実績（参考資料）

1. 監査報酬
監査報酬は、**工数(時間)×単価**のタイムチャージ方式

2. 監査報酬統計データ

〈平成26年度　監査区分ごと〉

○時間当たり平均単価（円）	
会社法：	¥12,301
学校法人全体：	¥12,810
文部科学大臣所轄：	¥13,391
知事所轄：	¥14,099

監査区分	会社数	監査の実施状況					監査時間数					監査報酬		
		人数総計	1監査対象当たり人数の平均				監査時間総計	1監査対象当たり時間の平均				監査報酬総額（千円）	1社当たり平均（千円）	時間当たり平均単価（円）
			監査責任者	補助者等会計士	その他	計		監査責任者	補助者等会計士	その他	計			
金商法（個別のみ）	659	8,133	2.0	5.9	4.5	12.3	1,001,029.0	190.5	814.7	513.7	1,519.0	11,367,294 (4.8%)	17,249	11,356
金商法（連結あり）	3,208	64,617	2.2	9.1	8.8	20.1	12,406,554.2	360.4	2,108.0	1,399.0	3,867.4	146,952,333 (62.5%)	45,808	11,845
会社法	5,539	69,414	1.8	5.6	5.1	12.5	4,918,887.1	76.9	460.0	351.1	888.0	60,509,678 (25.7%)	10,924	12,301
信金・信組・労金	363	4,988	2.0	6.7	5.1	13.7	359,389.9	143.3	580.7	266.1	990.1	3,833,117 (1.6%)	10,560	10,666
学校法人	5,976	23,086	1.2	1.4	1.3	3.9	710,033.2	47.8	40.4	30.6	118.8	9,095,681 (3.9%)	1,522	12,810
特定目的会社	402	2,692	1.3	3.1	2.2	6.7	42,989.0	8.8	42.8	55.3	106.9	596,625 (0.3%)	1,484	13,879
投資事業有限責任組合	660	5,495	1.5	3.9	2.9	8.3	53,063.8	7.6	40.0	32.8	80.4	674,017 (0.3%)	1,021	12,702

（日本公認会計士協会監査実施状況調査（平成26年度）より）

※ 学校法人には、幼稚園法人（4,508法人：帰属収入3億円未満4,104法人、3億円以上404法人）が含まれます。

　金商法の監査は、上場会社に対する監査を意味しますが、期末監査以外に、四半期レビューや、内部統制監査も含まれるため、社会福祉法人における監査の比較対象としては適当ではありません。特定目的会社や投資事業有限責任組合の監査についても、主にペーパーカンパニーに関する監査であり、あまり参考になりません。業種や監査制度が近似している点を考慮すると、比較対象としては、会社法及び学校法人になるかと考えられます。ただし、特定社会福祉法人に対して、株式会社は資本金5億円以上、又は、負債総額200億円以上が対象となるため規模が大きく、逆に学校法人は帰属収入が3億円未満の法人が大多数のため規模が小さい点について考慮する必要があります。

専門家の指導

特定社会福祉法人に該当するほど規模は大きくないのですが、公認会計士等の専門家の指導を利用すべきでしょうか。

将来的に特定社会福祉法人に該当する見込みがある場合や、適切な管理体制を構築したいと考えている場合は、なるべく早いタイミングで公認会計士等の専門家の指導を利用することをお勧めします。

解説

会計監査人を設置していない法人についても、以下のとおり会計に関する専門家の活用が望ましいとされています。

「会計監査人を設置しない法人においては、財務会計に関する内部統制の向上に対する支援又は財務会計に関する事務処理体制の向上に対する支援について、法人の事業規模や財務会計に係る事務態勢等に即して、公認会計士、監査法人、税理士又は税理士法人を活用することが望ましい（社会福祉法人審査基準第3・6(1)）。」

また、専門家を活用した場合で、当該専門家の活用に関する結果報告書の写しを所轄庁に提出したときは、実地監査（法56条1項に基づく指導監査のうち一般監査としての実地監査）について、一部負担軽減（実地監査で特に大きな問題が認められない法人については、実地監査を2年に1回から4年に1回とする）を図ることとして差し支えないとされています（社会福祉法人審査基準第3・6(1)）。

以下では、法人の状況別に専門家の活用の必要性を説明します。

1 将来的に特定社会福祉法人となる見込みがある場合

会計監査人の導入が必要となる特定社会福祉法人の要件は以下のとおり、今後段階的に対象範囲が拡大される予定です。

- 平成29年度、平成30年度は、収益30億円超又は負債60億円超の法人
- 平成31年度、平成32年度は、収益20億円超又は負債40億円超の法人
- 平成33年度以降は、収益10億円超又は負債20億円超

このように、対象範囲を段階的に拡大する目的は、会計監査人の導入準備に要

する時間を確保することにより、より多くの法人に安定的に根付かせていく点にあります。そのため、直近では特定社会福祉法人に該当しないものの、例えば現時点で収益10億円超又は負債20億円超となっている法人や、今後規模が拡大し当該範囲に含まれる見込みの法人については、将来の会計監査人の導入を見据えて、できる限り早い段階で公認会計士等の専門家による指導を受けることをお勧めします。

2　早いタイミングで公認会計士等の専門家を利用するメリット

会計監査人の監査を受ける場合、監査に耐えうるような体制構築が必要となります。仮に法人の体制に多くの問題を抱えている場合、監査に要するコストが増加する結果へとつながることになります。したがって、なるべく早いタイミングで事前に公認会計士等の専門家に指導を受けることにより、課題を識別し、時間をかけて改善活動を実施することが最も効果的で効率的であるといえます。

また、今後規模の拡大が見込まれている法人については、規模が拡大する前に専門家を利用し法人内の管理体制を構築することで、規模が拡大した後もそのメリットを横展開することが可能なため、効率的な投資と考えられます。

3　それほど規模が大きくない法人

将来的にも特定社会福祉法人に該当する見込みがない法人の場合、規模が小さい分、自力で管理体制を構築することも考えられますが、適切な管理体制を構築する余力がないような場合は専門家からのアドバイスを受けるほうが効率的と考えられます。また、特定社会福祉法人と同様に、インターネットによって計算書類等を公開する義務があります。したがって、計算書類等の信頼性を担保したいと考える場合は、任意に公認会計士等の監査を受けることも可能なため、一度専門家に相談することをお勧めします。

第4章　社会福祉法人の財務規律

第4節　財務報告目的の内部統制の整備

内部統制とは

内部統制とは何ですか。

内部統制とは、法人の目的や目標を達成するために、法人内の全職員によって実施される業務の中に組み込まれている仕組やルールを意味します。

解説

　内部統制の一般的な定義としては、上記に記載したとおりですが、単語だけでは概念的でわかりづらいため、イメージしやすいように以下で説明したいと思います。

　法人が事業を行うに当たって、職員はどのような業務であっても目的があり、目的を達成しようと（失敗しないようにと）考えて行動していると思います。例えば、必要な備品を購入するための『発注業務』について考えてみたいと思います。『法人として必要な備品を発注する』ことが目的となりますが、客観的に見ると、以下のように目的達成のために注意しなければならないポイントが複数存在します。

　（注意しないといけないポイントの例）
　　① 本当に法人として必要な備品なのか
　　② 購入金額は妥当か
　　③ 発注内容を誤ってしまわないか
　上記の目的を達成するために、法人として以下のような仕組やルールが構築されていると思われます。

229

目的	仕組又はルール
① 本当に法人として必要な備品なのか	・職務権限規程により、備品の購入金額に応じて発注決裁者を設定している。 ・担当者は決裁書により、決められた決裁者へ承認をもらう。
② 購入金額は妥当か	・備品を調達する場合は相見積を取ったうえで比較検討する。 ・担当者は決裁書により、決められた決裁者へ承認をもらう。
③ 発注内容を誤ってしまわないか	・決裁書と見積書に基づき、発注書を作成し、作成者以外の担当者が発注書の内容についてダブルチェックをする。

　上記の仕組やルールは、通常実施されている業務内容かと思いますが、この仕組やルールが内部統制を意味することになります。内部統制という単語だけ聞くと難しく感じますが、上記のように日ごろ各自が実施している業務におきかえるとイメージしやすくなるかと思います。なかには、発注業務は熟練の担当者が1人で昔から担当しているから間違えるリスクはないと考えている法人もあるかもしれません。結果として、目的が適切に達成されているのであれば重要な問題はありませんが、内部統制の観点からは、仮にその担当者がいなくなってしまった場合に、法人組織として対応できる体制が整備されていないことは管理体制として問題があるといえますし、さらには同じ担当者が1人で発注業務を担当しており、他の職員のチェックがない場合、その担当者が発注先と共謀しキックバック等の不適切な取引を行える余地を作ってしまうという新たなリスクも発生してしまいます。したがって、内部統制では属人的な管理ではなく、組織として対応する管理体制を構築するという観点を重視することになります。

内部統制の必要性

内部統制はなぜ必要なのですか。

適切な内部統制の構築は、法人が事業を継続するに当たり、法人のあらゆる目標や目的を達成するために必要不可欠となります。

解説

　法人が事業を継続するに当たり、法人としてのあらゆる目標や目的を達成するために、それを阻害するリスクを識別し、組織としてそのリスクを排除するための管理体制の構築が必要となります。例えば、適切な品質のサービスを提供することや、適切な財務報告をすること、法令遵守、資産の適切な保全等の目標を達成するために、各法人では何らかの管理体制を必然的に構築しているはずです。ただし、その管理体制が属人的であったり、場当たり的な対応であれば、目標の達成に失敗したり、不効率になりコストが増加する可能性が高まります。そこで、リスクの識別とそれに対応する仕組やルールの構築といった内部統制の観点から、必要な管理体制を構築することが必要となります。

　特に、社会福祉法人には経営組織のガバナンス強化、事業運営の透明性の向上、財務規律の強化、公益性の確保が求められる等、外部の利害関係者から厳しい監視下に置かれており、何か問題が発生した場合は、社会的な信頼を大きく失う結果となってしまいます。これらの要求を達成するためには、適切な内部統制の構築が不可欠となります。

財務報告目的の内部統制

財務報告目的の内部統制とはなんですか。

財務報告目的の内部統制とは、法人の財務内容を適切に作成し外部に公表することを目的とした内部統制を意味します。

解説
1 内部統制の4つの目的
内部統制で想定される目的として、一般的には以下の4つに分類されています。
① 業務の有効性及び効率性
② 財務報告の信頼性
③ 事業活動にかかわる法令等の遵守
④ 資産の保全

法人の事業においては、すべての業務を実施するに当たり何らかの「目的」があり、その「目的」を達成するために内部統制としての仕組やルールを設定することになります。この「目的」を理論的に整理すると上記の4つになります。したがって、法人としてはすべての目的について内部統制の構築が必要となります。

2 財務報告目的の内部統制
上記の区分のうち、「② 財務報告の信頼性」を目的とした内部統制のことを、財務報告目的の内部統制といいます。これは、法人の財務内容を適切に作成し外部に公表するために必要な内部統制を意味します。例えば、計算関係書類を作成するための会計処理に関する管理体制が必要となりますが、会計処理は法人が実施する全ての取引について、その事実を正確に把握し集計する必要があるため、その取引を担当している各部署の管理体制も必要となります。また、業務管理にシステムを導入している場合は、システムの管理状況についても整備しなければなりません。さらには、法人として適切なガバナンス体制が構築されていなければ、法人内のあらゆる場面に悪影響を与える可能性があります。このように、法人内の多くの業務に関する管理体制が対象範囲として含まれますが、社会福祉法

人に求められている、経営組織のガバナンス、事業運営の透明性及び財務規律の強化といった要求を達成するためには、財務報告目的の内部統制の構築が必要不可欠となります。なお、会計監査人監査において評価する内部統制は、基本的に財務報告目的の内部統制を対象としています。

3 財務報告目的の内部統制の分類

財務報告目的の内部統制については、一般的に以下の分類に区分されています。

分類	内部統制の概要
全体的な内部統制	理事会の運営状況、職務分掌や職務権限規程等の各種規程の整備といった、法人運営の基本となる内部統制
業務プロセスごとの内部統制	以下のような業務に組み込まれている内部統制 ・収益認識プロセス(契約、サービス提供から収益計上、未収金の回収までの一覧の業務手順) ・人件費関係のプロセス 　(入社及び退職、勤務時間管理、給与計算、給与計上、給与支払等の一連の業務手順) ・その他、固定資産関係の購買プロセス、経費関係のプロセス、財務関係のプロセス等
決算財務報告に関する内部統制	年度末の決算処理、計算関係書類の作成手続に関する内部統制
ITに関する内部統制	業務管理に導入されているシステムに関する全般的な管理体制

全体的な内部統制

全体的な内部統制について教えてください。

全体的な内部統制とは、社会福祉法人における財務報告全体に影響を与える管理体制を意味します。

解説
1 全体的な内部統制
　全体的な内部統制としては、例えば理事者の誠実性や倫理観、組織風土、理事会や監事による監督、理事や理事会における意思決定プロセス、法人のリスクマネジメント、組織構成や職務権限、人事政策等の各種方針や施策、会計方針や財務方針といったものがあげられ、法人における各内部統制の基盤となります。

2 全体的な内部統制の例
　全体的な内部統制の例としては、企業会計審議会が公表している、内部統制に関する実施基準の中で全体的な内部統制に関する評価項目の例示が示されているため、参考にご紹介します。これらの評価項目に対応する管理体制が全体的内部統制となります。なお、例示の内容は上場している株式会社を前提としているため、文言の一部については社会福祉法人へと読み替える必要があります。

　（読み替え）
　　　経営者→理事者※
　　　取締役会→理事会※
　　　監査役又は監査委員会→監事※
　　　企業→社会福祉法人
　　　従業員→職員
　　　※内容によっては、評議員又は評議員会も考慮する必要があります。

　また、全体的な内部統制の評価項目の一例であり、法人の置かれた環境や特性等によって異なることが考えられるためご留意ください。

第4章　社会福祉法人の財務規律

参考：財務報告に係る全社的な内部統制に関する評価項目の例
（統制環境）
① 経営者は、信頼性のある財務報告を重視し、財務報告に係る内部統制の役割を含め、財務報告の基本方針を明確に示しているか。
② 適切な経営理念や倫理規程に基づき、社内の制度が設計・運用され、原則を逸脱した行動が発見された場合には、適切に是正が行われるようになっているか。
③ 経営者は、適切な会計処理の原則を選択し、会計上の見積り等を決定する際の客観的な実施過程を保持しているか。
④ 取締役会及び監査役又は監査委員会は、財務報告とその内部統制に関し経営者を適切に監督・監視する責任を理解し、実行しているか。
⑤ 監査役又は監査委員会は内部監査人及び監査人と適切な連携を図っているか。
⑥ 経営者は、問題があっても指摘しにくい等の組織構造や慣行があると認められる事実が存在する場合に、適切な改善を図っているか。
⑦ 経営者は、企業内の個々の職能（生産、販売、情報、会計等）及び活動単位に対して、適切な役割分担を定めているか。
⑧ 経営者は、信頼性のある財務報告の作成を支えるのに必要な能力を識別し、所要の能力を有する人材を確保・配置しているか。
⑨ 信頼性のある財務報告の作成に必要とされる能力の内容は、定期的に見直され、常に適切なものとなっているか。
⑩ 責任の割当てと権限の委任がすべての従業員に対して明確になされているか。
⑪ 従業員等に対する権限と責任の委任は、無制限ではなく、適切な範囲に限定されているか。
⑫ 経営者は、従業員等に職務の遂行に必要となる手段や訓練等を提供し、従業員等の能力を引き出すことを支援しているか。
⑬ 従業員等の勤務評価は、公平で適切なものとなっているか。
（リスクの評価と対応）
① 信頼性のある財務報告の作成のため、適切な階層の経営者、管理者を関与させる有効なリスク評価の仕組が存在しているか。
② リスクを識別する作業において、企業の内外の諸要因及び当該要因が信頼性のある財務報告の作成に及ぼす影響が適切に考慮されているか。

③ 経営者は、組織の変更やITの開発など、信頼性のある財務報告の作成に重要な影響を及ぼす可能性のある変化が発生する都度、リスクを再評価する仕組を設定し、適切な対応を図っているか。

④ 経営者は、不正に関するリスクを検討する際に、単に不正に関する表面的な事実だけでなく、不正を犯させるに至る動機、原因、背景等を踏まえ、適切にリスクを評価し、対応しているか。

（統制活動）

① 信頼性のある財務報告の作成に対するリスクに対処して、これを十分に軽減する統制活動を確保するための方針と手続を定めているか。

② 経営者は、信頼性のある財務報告の作成に関し、職務の分掌を明確化し、権限や職責を担当者に適切に分担させているか。

③ 統制活動に係る責任と説明義務を、リスクが存在する業務単位又は業務プロセスの管理者に適切に帰属させているか。

④ 全社的な職務規程や、個々の業務手順を適切に作成しているか。

⑤ 統制活動は業務全体にわたって誠実に実施されているか。

⑥ 統制活動を実施することにより検出された誤謬等は適切に調査され、必要な対応が取られているか。

⑦ 統制活動は、その実行状況を踏まえて、その妥当性が定期的に検証され、必要な改善が行われているか。

（情報と伝達）

① 信頼性のある財務報告の作成に関する経営者の方針や指示が、企業内の全ての者、特に財務報告の作成に関連する者に適切に伝達される体制が整備されているか。

② 会計及び財務に関する情報が、関連する業務プロセスから適切に情報システムに伝達され、適切に利用可能となるような体制が整備されているか。

③ 内部統制に関する重要な情報が円滑に経営者及び組織内の適切な管理者に伝達される体制が整備されているか。

④ 経営者、取締役会、監査役又は監査委員会及びその他の関係者の間で、情報が適切に伝達・共有されているか。

⑤ 内部通報の仕組など、通常の報告経路から独立した伝達経路が利用できるように設定されているか。

⑥ 内部統制に関する企業外部からの情報を適切に利用し、経営者、取締役会、監査役又は監査委員会に適切に伝達する仕組となっているか。

第4章 社会福祉法人の財務規律

（モニタリング）
① 日常的モニタリングが、企業の業務活動に適切に組み込まれているか。
② 経営者は、独立的評価の範囲と頻度を、リスクの重要性、内部統制の重要性及び日常的モニタリングの有効性に応じて適切に調整しているか。
③ モニタリングの実施責任者には、業務遂行を行うに足る十分な知識や能力を有する者が指名されているか。
④ 経営者は、モニタリングの結果を適時に受領し、適切な検討を行っているか。
⑤ 企業の内外から伝達された内部統制に関する重要な情報は適切に検討され、必要な是正措置が取られているか。
⑥ モニタリングによって得られた内部統制の不備に関する情報は、当該実施過程に係る上位の管理者並びに当該実施過程及び関連する内部統制を管理し是正措置を実施すべき地位にある者に適切に報告されているか。
⑦ 内部統制に係る開示すべき重要な不備等に関する情報は、経営者、取締役会、監査役又は監査委員会に適切に伝達されているか。

（ＩＴへの対応）
① 経営者は、ＩＴに関する適切な戦略、計画等を定めているか。
② 経営者は、内部統制を整備する際に、ＩＴ環境を適切に理解し、これを踏まえた方針を明確に示しているか。
③ 経営者は、信頼性のある財務報告の作成という目的の達成に対するリスクを低減するため、手作業及びＩＴを用いた統制の利用領域について、適切に判断しているか。
④ ＩＴを用いて統制活動を整備する際には、ＩＴを利用することにより生じる新たなリスクが考慮されているか。
⑤ 経営者は、ＩＴに係る全般統制及びＩＴに係る業務処理統制についての方針及び手続を適切に定めているか。

業務プロセスに関する内部統制

Q98 業務プロセスに関する内部統制について教えてください。

業務プロセスに関する内部統制とは、サービス活動に関する業務、購買業務、人件費関係の業務等、法人が事業として実施する業務の中で、適切な財務報告を達成するために、個々に設けられている管理体制を意味します。

解説
業務プロセスに関する内部統制

法人の業務プロセスとしては、その法人により詳細は異なるものの、一般的には共通して以下のようなものがあげられると思います。

業務プロセス	主な内容
収益認識プロセス	契約、サービス提供、介護報酬等の計算・請求、寄附金の受入管理、補助金・助成金の申請管理、収益計上、未収金の回収、入金の計上等
購買プロセス（備品、固定資産）	見積、決裁、発注、検収、資産（経費）計上、債務管理及び支払、支払の計上等
人件費関係のプロセス	入社及び退職、勤務時間管理、給与計算、給与計上、給与支払、支払の計上等
経費関係のプロセス	見積、決裁、発注、検収、経費計上、債務管理及び支払、支払の計上等
財務関係のプロセス	現預金の出納管理、資金調達に関する管理等

このように、通常実施されている一連の業務の流れの中で、「実施された取引の内容」が「会計処理」へと正確につながることになります。したがって、この一連の業務の流れのどこかでミスが発生すると、「会計処理」を誤り、結果として適切な財務報告を阻害する要因となってしまいます。そのために、各業務の中で、「実施された取引の内容」が過不足なく正確に「会計処理」へとつなげるために設けられる管理体制が業務プロセスごとの内部統制となります。内部統制を構築する際には、目的を阻害するリスクを識別し、そのリスクに対応する管理体

制を検討することになりますが、そのリスクを識別する際のポイントとしては共通して、以下の視点になります。

（リスクを識別する際のポイント）
① 存在しない取引が計上されるリスク（実在性）
② 取引の計上が漏れてしまうリスク（網羅性）
③ 取引の計上時期を誤ってしまうリスク（期間帰属）
④ 取引の内容や金額を誤ってしまうリスク（正確性）

このポイントを念頭に入れたうえで、法人の業務ごとの流れを見返し、リスクが識別された場合はそれに応じた必要な管理体制（例えば、職務分掌の構築、ダブルチェック体制の構築、資料内容に関するチェック項目の見直し、資料の回覧方法やファイリング方法の見直し等）を構築する必要があります。

決算財務報告プロセスに関する内部統制

 決算財務報告プロセスに関する内部統制について教えてください。

 決算財務報告プロセスに関する内部統制とは、年度末の決算処理、計算関係書類の作成手続に関する内部統制を意味します。

解説

1 決算財務報告プロセスに関する内部統制

　適正な財務報告を達成するためには、財務報告書類である計算関係書類を適切に作成するための、決算処理や、計算関係書類の作成手続に関する管理体制が重要となります。そのためには、決算財務報告関係の体制構築と、個々の決算処理に関する管理体制が必要となります。

2 決算財務報告関係の体制構築

　決算処理は社会福祉法人会計基準に準拠する必要があります。そのため、経理規程に決算財務報告に関する基本方針を定める必要があります。そのうえで、決算財務報告業務に関する職務分掌（承認者やチェック担当）を整備します。さらには、決算処理は時間が限られた中で正確に実施しなければならないため、各部署からの必要な情報収集を効率的に実施しなければなりません。そのため、決算スケジュールを明確にしたうえで、決算業務処理の手順を業務マニュアル等で明記し、決算財務報告に必要な情報が適時に把握できるような情報伝達体制を構築する必要があります。

3 個々の決算処理に関する管理体制

　決算処理や計算関係書類の作成方法については、会計基準や各種規程等に基づき正確かつ網羅的に対応する必要があります。そのため、必要な決算業務処理に関するチェックリストを作成し運用されることが望まれます。承認者もこのチェックリストを使用しながらチェックすることで効率化を図ることが期待されます。

第4章 社会福祉法人の財務規律

ＩＴに関する内部統制

ＩＴに関する内部統制について教えてください。

ＩＴに関する内部統制には以下の種類があります。
① 法人全体としてのＩＴへの対応（全体的な内部統制）
② ＩＴ基盤レベルの管理体制（ＩＴに係る全般統制）
③ 業務プロセスに組み込まれているＩＴ統制（業務プロセスに関する内部統制）

解説
1 ＩＴに関する内部統制
ＩＴに関する内部統制の概念には以下の3種類があります。
(1) 法人全体としてのＩＴへの対応
　「全体的な内部統制」の中に含まれる、法人全体としてのＩＴへの対応になります（Q97をご参照ください）。

(2) ＩＴ基盤レベルの管理体制
　ＩＴに関係する業務が適切に実施されていることを担保するための統制であり、ＩＴに係る全般統制といわれます。

(3) 業務プロセスに組み込まれているＩＴ統制
　個々の業務プロセスで使用されているシステムの機能を意味します。例えば、収益認識プロセスで使用している管理システムにおいて、サービス提供の実績データをシステムに入力すれば、自動的に利用者ごとに集約されて請求書が発行される機能があるとします。この機能は手作業であれば、個々のサービス提供の実績から金額を算定し、集計し、請求書を作成するといった作業が必要で、かつ、その結果が誤っていないかチェックするという内部統制が必要です。言い換えますと、「請求書を適切に作成する」という目的をシステムの機能による内部統制により対応していることになります。このような業務プロセスの一環として整備されているＩＴによる統制が、業務プロセスに組み込まれているＩＴ統制を意味します。

2 IT基盤レベルの管理体制（ITに係る全般統制）

ここでは、3種類のITに関する内部統制のうち、ITに係る全般統制について説明します。

ITに係る全般統制は、1(3)で説明した業務プロセスに組み込まれているIT統制が、適切に実施されることを担保するための内部統制になります。大きく以下のような観点から内部統制を構築する必要があります。

(1) 開発・変更に係る全般統制

システムの開発・変更時における、システム開発・変更担当とシステム運用担当の分離、プログラムの十分なテストの実施、開発・変更手続に基づく各段階での承認等の内部統制

(2) システムの運用に係る全般統制

ジョブスケジュールの管理、臨時処理、情報システムの稼働確認、バックアップデータの保管、障害が発生した場合の復旧等に係る内部統制

(3) 情報セキュリティに係る全般統制

ユーザID管理やログ管理といった、プログラム、データ等の情報資源へのアクセスを制限するための論理的セキュリティのツールの導入・運用やアクセス権限付与に係る承認、入退出管理や情報機器への物理的なアクセス制限等の内部統制

(4) 外部委託業務に係る全般統制

外部委託先の管理手続、業務要件の担保やモニタリング等の内部統制

第4章　社会福祉法人の財務規律

社会福祉法人における不正

社会福祉法人における不正にはどのような事例がありますか。

主な不正事例としては、補助金や介護報酬等の不正受給、運営費の不正支出等による横領、預金や利用者からの預り金等の着服があげられ、権限を有する理事や会計を担当している職員により実行される傾向にあります。

解説

社会福祉法人における不正に関しては、報道等により目にすることがあります。主な不正事例としては以下のようなものがあげられます。
① 補助金や介護報酬等の不正受給
② 運営費の不正支出や架空・水増発注による横領
③ 預金や利用者からの預り金等の着服

不正の主体は、権限を有する理事長や理事、施設長、さらには会計関係を管理している会計責任者や経理担当者により実施される傾向にあります。

なお、不正が発覚した法人においては、所轄庁による行政処分により改善指導や業務改善命令等が出され、不正に受給した補助金等の返還命令が出されています。さらに悪質な場合には、業務停止命令等が出され、事業の継続ができなくなります。また、不正を実施した個人に対しても損害賠償の請求や、法人による刑事告訴、所轄庁による告発がなされることになります。

不正を防止するための内部統制

不正を防止するための内部統制としてはどのようなものがありますか。

不正の内容により対策は様々ですが、理事者等の暴走を防止する強力なガバナンス体制を構築することや、職員による不正を想定し、その不正が実行される機会を取り除くような管理体制を構築することが必要となります。

解説
1 不正の発生要因
不正の発生要因として、「不正の動機」、「不正の機会」、及び「正当化」が存在するといわれています。

(1) 不正の動機

不正を働く理由やプレッシャーを意味します。例えば、以下のようなイメージがあげられます。

① 認可取消等を回避するために職員配置基準等を仮装したい

② 事業収入が減少することを回避するためにサービスや加算項目の要件を仮装したい

③ 個人的な資金がどうしても必要なため法人の資金を横領、着服したい

このような動機が存在することから不正を実行しようと考えることになります。

(2) 不正の機会

法人内において不正を実行することができるチャンスの存在を意味します。例えば、特定の理事に権限が集中しており、理事会や監事、評議員による監視監督機能が無効化している場合や、預金や利用者からの預り金を実質的に1人で管理しており、他の職員がほとんど関与していない場合等があげられます。

(3) 正当化

不正を実行することに対して、その動機や機会を勘案して、自分の中で正当化し納得してしまうことを意味します。

2　不正を防止するための内部統制

　不正を防止するためには、前頁1の不正が実行されるプロセスを勘案し、不正が実行されることを具体的に想定して対応する内部統制を構築しなければなりません。以下では、不正を防止するための内部統制のイメージとして、一例について記載いたします。なお、実際は、状況に応じたより具体的な管理体制の構築が必要であるためご留意ください。

(1)　強い権限を有する理事者等による不正

　強い権限を有する理事者等が主体となって、補助金や介護報酬の不正受給や、運営費の不正支出等による横領が実行される場合、内部統制で防止することは困難な場合が多いです。これは、仮に内部統制を構築したとしても、強力な権限を有する理事者が自らその内部統制を無視して不正を実行してしまう場合や組織ぐるみで実行してしまう場合のように、形式的な内部統制では完全に防止できないような限界があるためです。したがって、大前提として理事者の倫理観が備わっている必要があります。また、今回の法改正においては、評議員や理事、及び監事による理事に対する監視監督機能の実効性を高めることで、ガバナンスの強化を図っています。したがって、理事者が暴走しないように、各機関が適切に監視監督機能を発揮することが重要となります。

(2)　会計担当者等の職員による不正

　会計担当者による預金の着服といった職員による不正は、法人としての適切な職務分掌が整備されていないことが要因となることが多いです。したがって、職員による不正が発生するリスクを想定したうえで、「不正の機会」が生じないようにあらかじめ内部統制を構築する必要があります。

　例えば、会計担当者による預金の着服を考えた場合、会計担当者が実質的に1人で法人の預金を管理している状況であれば、着服できる「不正の機会」を与えることになります。さらには、少しぐらい着服してもバレはしないという「正当化」が生じてしまう可能性が高まります。一般的には、この状況から少しぐらいと思っていた金額が、気づけば多額になってしまい、最終的に隠せなくなり発覚する、又は担当者の交代により発覚するという流れが多いです。この不正を防止するためには、預金や利用者からの預り預金の管理について必ず職務分掌（担当者、チェック者、承認者）を設定し、帳簿と預金残高の整合性を定期的に第三者が確認するという内部統制を構築することで、「不正の機会」を取り除く必要があります。

内部統制の見直し

内部統制を見直すためのポイントについて教えてください。

内部統制を見直すための主なポイントとしては、以下があげられます。
① 検証する内部統制の範囲を明確にする
② トップである理事者の関与
③ プロジェクトチームの編成
④ リスクの識別と対応する内部統制の検証
なお、自力で内部統制を見直すには限界があるため、公認会計士等の専門家より客観的なアドバイスを受けることをお勧めします。

解説
　もし、自分の法人の内部統制について見直そうと考えたとしても、どこから着手すればよいか悩ましいかと思います。そこでポイントとなる点を以下に説明します。なお、自力で内部統制を見直すには限界があるため、公認会計士等の専門家より客観的なアドバイスを受けることをお勧めします。
（1）検証する内部統制の範囲を明確にする
　　内部統制は、法人としての目的を達成するために構築する仕組やルールを意味します。したがって、どの目的に整合する内部統制について見直したいのか、検証する範囲を明確にする必要があります。例えば、財務報告目的の内部統制について検証しようとした場合、全ての拠点について、全ての業務プロセスを対象とすると時間もコストもかかってしまいます。そのため、複数ある拠点のうち、重要な拠点のみを設定する、又は複数年掛けて全ての拠点を検証するスケジュールを作成する等、対象とする拠点の範囲を決定する必要があります。また、対象とする拠点について、どの業務プロセスについて検証すべきか、財務諸表上の関連する勘定科目の金額的重要性や、不正が懸念される業務等を勘案して決定する必要があります。

（2）理事者の関与
　　内部統制を見直すとした場合、その検証過程においては関連する多くの職員の協力が必要となります。そのため、各職員の協力を得るためには、トッ

プである理事者から内部統制に関する方針を打ち出し、明確な指示を出す必要があります。

(3) プロジェクトチームの編成

　内部統制を見直す場合、複数の部署をまたがることになります。そのため、本格的に内部統制を見直すのであれば、本部としてのプロジェクトチームを設置し、担当者を配属する必要があります。当該チームで、スケジュール設定、各部署との連携、とりまとめ作業等を中心となって管理することになります。また、複数の部署をまたがることから、各部署の責任者や担当者から構築される検討委員会を設置することも望ましいです。

(4) リスクの識別と対応する内部統制の検証

　内部統制を見直す場合、法人の目標を阻害するリスクを識別し、そのリスクに対応する内部統制がない場合、又は不足する場合に、必要な内部統制を構築する作業になります。したがって、リスクの識別が重要となります。この点については、各法人によって異なる部分がありますが、自力で網羅的に識別するのは困難と思われます。最も効果的かつ効率的に実施するためには、ノウハウを有する公認会計士等の専門家より客観的なアドバイスを受けることをお勧めします。

第5章
社会福祉法人の定款変更

定款変更の内容・手続

社会福祉法の改正に伴い必要となる定款変更の内容や手続等について教えてください。

社会福祉法の改正に伴い、所轄庁が変更となった法人は、定款の所轄庁の記載を変更する必要があります。
また、全ての法人は、平成28年度中に、平成29年4月1日施行社会福祉法に対応するために必要となる定款変更の手続をする必要があります。

解説

1 定款変更の内容について

(1) 所轄庁が変更となった法人

社会福祉法の改正に伴い、法人の所轄庁が、原則として、主たる事務所の所在地の都道府県知事とされました。これにより所轄庁が変更となった法人は、定款の所轄庁の記載を変更する必要があります。

(2) 全ての法人

定款の必要的記載事項を、社会福祉法の改正前後で比較すると、以下のとおりです。下線部が、改正に伴い追加・変更がされた事項であり、全ての社会福祉法人において、改正に対応するための変更をする必要があります。

改正前	改正後
一　目的	一　目的
二　名称	二　名称
三　社会福祉事業の種類	三　社会福祉事業の種類
四　事務所の所在地	四　事務所の所在地
	五　評議員及び評議員会に関する事項
五　役員に関する事項	六　役員（理事・監事）の定数その他役員に関する事項
六　会議に関する事項	七　理事会に関する事項
	八　会計監査人を置く場合には、これに関する事項

七 資産に関する事項	九 資産に関する事項
八 会計に関する事項	十 会計に関する事項
九 評議員会を置く場合には、これに関する事項	
十 公益事業を行う場合には、その種類	十一 公益事業を行う場合には、その種類
十一 収益事業を行う場合には、その種類	十二 収益事業を行う場合には、その種類
十二 解散に関する事項	十三 解散に関する事項
十三 定款の変更に関する事項	十四 定款の変更に関する事項
十四 公告の方法	十五 公告の方法

2 定款変更のための手続

　評議員会の特別決議（議決に加わることができる評議員の3分の2（これを上回る割合を定款で定めた場合にあっては、その割合）以上に当たる多数をもって行う決議）による承認の後、所轄庁の認可を受ける必要があります（法45条の36第1項、2項、45条の9第7項3号）。

定款の記載例

社会福祉法の改正に伴い必要となる定款変更の具体例はありますか。

厚生労働省社会・援護局福祉基盤課より社会福祉法人定款例が示されており、定款変更の際に参考になります。

解説

　社会福祉法の改正に伴い、評議員及び評議員会に関する事項、役員（理事・監事）の定数その他役員に関する事項、理事会に関する事項、会計監査人を置く場合には、これに関する事項等について定款変更が必要となります。具体的な記載例については、厚生労働省社会・援護局福祉基盤課より社会福祉法人定款例が示されています。

第6章

社会福祉法人の合併

合併の効果・検討の視点

Q106 社会福祉法人が合併をするとどのような効果があるのでしょうか。また、どのような視点から検討をすればよいのでしょうか。

A 合併は、社会福祉法人にとって、複数の施設や事業を運営し、多角的な経営を行う等、事業規模を拡大するために有効な手段です。合併により、事業拡大の効率化、生産性の向上、人材の確保等のメリットがあると考えられます。また、合併の目的の明確化、合併対象法人の調査及び評価、将来の事業計画との関係といった視点から合併の有効性を検討することが有益です。

解説
1 合併の効果について
(1) 事業拡大の効率

合併により、他の社会福祉法人の経営資源を活用することができ、設備や施設を新設・増設するよりも、迅速な事業展開や、事業化までの負担の軽減、事業の拡大・拡充の実現が期待できます。

(2) 生産性の向上

最も傾注したい事業を他法人から承継し、その他の事業を縮小したり撤退することで事業の選択と集約化が促進し、生産性を向上させることが期待できます。

(3) 人材の確保

社会福祉法の改正により、役員の人数や資格について法定されました。合併により、他の社会福祉法人の人的資源を活用することにより、人材の確保や後継者の育成等の問題に対処することが可能となると期待できます。

2 検討の視点について
(1) 合併の目的の明確化

法人の理念や経営戦略に沿うものであるか否か等の点を整理し、合併の目

的を明確化することが有益です。

(2) 合併対象法人の調査及び評価

　合併の有効性や実行に当たり障害となる要因等を判断するために、合併対象法人の評価が必要となります。評価に当たっては、例えば、合併対象法人の以下のような項目について整理することが有益です。

① 沿革
② 経営理念
③ 経営戦略、経営方針
④ 組織、事業
⑤ 役員、評議員の構成
⑥ 職員の状況（労働組合、年齢構成、人事制度等）
⑦ 事業分野の分析
⑧ 地域における需要と競合事業者の状況
⑨ 過年度及び現在の財務状況と将来的な見通し
⑩ 法務リスクの有無及びその内容や程度
⑪ 合併対象法人が事業展開する各地域の事情
⑫ 見込まれる相乗効果

(3) 将来の事業計画の作成

　事業展開、サービス提供などの事業戦略、賃金制度、採用計画などの人事戦略、資金調達や設備投資計画などの財務戦略等将来の事業計画を複数年にわたり作成し、合併の効果を検討することが有益です。

合併の手続

社会福祉法人が合併するときの手続について、概要を教えてください。

合併には、吸収合併と新設合併の2種類があります。手続の概要は、次のとおりです。
① 合併契約書の作成
② 合併契約に関する書面の備え置き
③ 評議員会の承認
④ 所轄庁の認可
⑤ 債権者保護手続
⑥ 合併後の登記等
⑦ 合併に関する書面の備え置き

解説
1 合併の種類について
(1) 吸収合併

社会福祉法人が他の社会福祉法人とする合併であって、合併により消滅する社会福祉法人(以下「吸収合併消滅社会福祉法人」といいます。)の権利義務の全部を合併後存続する社会福祉法人(以下「吸収合併存続社会福祉法人」といいます。)に承継させるものをいいます(法49条1項)。

(2) 新設合併

二以上の社会福祉法人がする合併であって、合併により消滅する社会福祉法人(以下「新設合併消滅社会福祉法人」といいます。)の権利義務の全部を合併により設立する社会福祉法人(以下「新設合併設立社会福祉法人」といいます。)に承継させるものをいいます(法54条の5)。

2 合併契約書の作成
(1) 吸収合併

吸収合併契約において、次の事項を定める必要があります(法49条、規則5条の11)。

① 吸収合併存続社会福祉法人及び吸収合併消滅社会福祉法人の名称及び住所
② 吸収合併がその効力を生ずる日
③ 吸収合併消滅社会福祉法人の職員の処遇

(2) 新設合併
新設合併契約において、次の事項を定める必要があります（法54条の5、規則6条の8）。
① 新設合併消滅社会福祉法人の名称及び住所
② 新設合併設立社会福祉法人の目的、名称及び主たる事務所の所在地
③ 上記のほか、新設合併設立社会福祉法人の定款で定める事項
④ 新設合併がその効力を生ずる日
⑤ 新設合併消滅社会福祉法人の職員の処遇

3　合併契約に関する書面の備え置き
(1) 吸収合併
ア　吸収合併消滅社会福祉法人

吸収合併契約承認にかかる評議員会の日の2週間前の日から吸収合併の登記の日までの間、次の事項を記載した書面を、その主たる事務所に備え置き、閲覧等の用に供する必要があります（法51条、規則6条の2第1項）。
① 吸収合併契約の内容
② 吸収合併存続社会福祉法人の定款の定め
③ 吸収合併存続社会福祉法人についての次に掲げる事項
　　i　最終会計年度に係る監査報告等（計算書類、事業報告及び監査報告）の内容
　　ii　最終会計年度の末日後に重要な財産の処分、重大な債務の負担その他の法人財産の状況に重要な影響を与える事象が生じたときは、その内容
④ 吸収合併消滅社会福祉法人についての次に掲げる事項
　　i　吸収合併消滅社会福祉法人において最終会計年度の末日後に重要な財産の処分、重大な債務の負担その他の法人財産の状況に重要な影響を与える事象が生じたときは、その内容

ⅱ　吸収合併消滅社会福祉法人において最終会計年度がないときは、吸収合併消滅社会福祉法人の成立の日における貸借対照表
　⑤　吸収合併の登記の日以後における吸収合併存続社会福祉法人の債務の履行の見込みに関する事項
　⑥　吸収合併契約の承認にかかる評議員会の日の２週間前の日後、上記に掲げる事項に変更が生じたときは、変更後の当該事項
イ　吸収合併存続社会福祉法人
　　吸収合併存続社会福祉法人は、吸収合併契約承認にかかる評議員会の日の２週間前の日から吸収合併の登記の日後６月を経過する日までの間、次の事項を記載した書面を、その主たる事務所に備え置き、閲覧等の用に供する必要があります（法54条、規則６条の４）。
　①　合併契約の内容
　②　吸収合併消滅社会福祉法人（清算法人を除きます。）についての次に掲げる事項
　　ⅰ　最終会計年度に係る監査報告等の内容
　　ⅱ　最終会計年度の末日後に重要な財産の処分、重大な債務の負担その他の法人財産の状況に重要な影響を与える事象が生じたときは、その内容
　③　吸収合併消滅社会福祉法人（清算法人に限ります。）が作成した貸借対照表
　④　吸収合併存続社会福祉法人についての次に掲げる事項
　　ⅰ　吸収合併存続社会福祉法人において最終会計年度の末日後に重要な財産の処分、重大な債務の負担その他の法人財産の状況に重要な影響を与える事象が生じたときは、その内容
　　ⅱ　吸収合併存続社会福祉法人において最終会計年度がないときは、吸収合併存続社会福祉法人の成立の日における貸借対照表
　⑤　吸収合併の登記の日以後における吸収合併存続社会福祉法人の債務の履行の見込みに関する事項
　⑥　合併契約の承認にかかる評議員会の日の２週間前の日後吸収合併の登記の日までの間に、上記に掲げる事項に変更が生じたときは、変更後の当該事項

(2) 新設合併

新設合併消滅社会福祉法人は評議員会の日の２週間前の日から新設合併設立社会福祉法人の成立の日までの間、次の書面をその主たる事務所に備え置き、閲覧等の用に供する必要があります（法54条の７第１項、規則６条の９第１項）。

① 合併契約書
② 他の新設合併消滅社会福祉法人についての次に掲げる事項
　ⅰ 最終会計年度に係る監査報告等の内容
　ⅱ 他の新設合併消滅社会福祉法人において最終会計年度の末日後に重要な財産の処分、重大な債務の負担その他の法人財産の状況に重要な影響を与える事象が生じたときは、その内容
③ 他の新設合併消滅社会福祉法人（清算法人に限ります。）が法46条の22第１項の規定により作成した貸借対照表
④ 当該新設合併消滅社会福祉法人（清算法人を除きます。以下この項のⅰ及びⅱにおいて同じ。）についての次に掲げる事項
　ⅰ 当該新設合併消滅社会福祉法人において最終会計年度の末日後に重要な財産の処分、重大な債務の負担その他の法人財産の状況に重要な影響を与える事象が生じたときは、その内容
　ⅱ 当該新設合併消滅社会福祉法人において最終会計年度がないときは、当該新設合併消滅社会福祉法人の成立の日における貸借対照表
⑤ 新設合併設立社会福祉法人の成立の日以後における新設合併設立社会福祉法人の債務の履行の見込みに関する事項
⑥ 新設合併契約の承認にかかる評議員会の日の２週間前の日後、上記に掲げる事項に変更が生じたときは、変更後の当該事項

4　評議員会の承認

吸収合併、新設合併、ともに、消滅社会福祉法人は、評議員会の特別決議によって、合併契約の承認を受ける必要があります（法52条、54条の８、45条の９第７項５号）。

5　所轄庁の承認

吸収合併、新設合併、ともに、所轄庁の認可を受ける必要があります（法50条３項、54条の６第２項）。

6 債権者保護手続
(1) 吸収合併
　ア　吸収合併消滅社会福祉法人

　　所轄庁の認可があったときは、次に掲げる事項を官報に公告し、かつ、判明している債権者には、各別にこれを催告しなければなりません（法53条1項、規則6条の3）。

　　① 吸収合併をする旨
　　② 吸収合併存続社会福祉法人の名称及び住所
　　③ 吸収合併消滅社会福祉法人及び吸収合併存続社会福祉法人の計算書類に関する事項（公告の日又は催告の日のいずれか早い日における次に掲げる場合の区分に応じ、次に定めるもの。）
　　　　i　公告対象法人につき最終会計年度がない場合
　　　　　その旨
　　　　ii　公告対象法人が清算法人である場合
　　　　　その旨
　　　　iii　上記に掲げる場合以外の場合
　　　　　最終会計年度に係る貸借対照表の要旨の内容
　　④ 債権者が一定の期間内に異議を述べることができる旨（この期間は、2か月を下回ることができません。）

　イ　吸収合併存続社会福祉法人

　　吸収合併存続社会福祉法人は、所轄庁の認可があったときは、次に掲げる事項を官報に公告し、かつ、判明している債権者には、各別にこれを催告しなければなりません（法54条の3）。

　　① 吸収合併をする旨
　　② 吸収合併消滅社会福祉法人の名称及び住所
　　③ 吸収合併存続社会福祉法人及び吸収合併消滅社会福祉法人の計算書類に関する事項（吸収合併消滅社会福祉法人の債権者保護手続で記載した事項と同様の事項）
　　④ 債権者が一定の期間内に異議を述べることができる旨（この期間は2か月を下回ることはできません。）

　　債権者が期間内に異議を述べなかった場合及び異議を述べた場合の取り扱いは、吸収合併消滅社会福祉法人の債権者保護手続の記載と同様です。
　　なお、債権者が期間内に異議を述べなかったときは、当該債権者は、吸

収合併を承認したものとみなされます（法53条2項）。

一方、債権者が期間内に異議を述べたときは、吸収合併消滅社会福祉法人は、当該吸収合併をしても当該債権者を害するおそれがないときを除き、当該債権者に対し、弁済し、若しくは相当の担保を提供し、又は当該債権者に弁済を受けさせることを目的として信託会社等に相当の財産を信託しなければなりません（法53条3項）。

(2) 新設合併

新設合併消滅社会福祉法人は、所轄庁の認可があったときは、次に掲げる事項を官報に公告し、かつ、判明している債権者には、各別にこれを催告しなければなりません（法54条の9第1項）。

① 新設合併をする旨
② 他の新設合併消滅社会福祉法人及び新設合併設立社会福祉法人の名称及び住所
③ 新設合併消滅社会福祉法人の計算書類に関する事項（公告の日又は催告の日のいずれか早い日における次の場合の区分に応じ、次に定めるもの。）
　ⅰ　公告対象法人につき最終会計年度がない場合
　　　その旨
　ⅱ　公告対象法人が清算法人である場合
　　　その旨
　ⅲ　上記に掲げる場合以外の場合
　　　最終会計年度に係る貸借対照表の要旨の内容
④ 債権者が一定の期間内に異議を述べることができる旨（この期間は、2か月を下回ることができません。）

債権者が期間内に異議を述べなかったときには合併を承認したと擬制されること、異議を述べたときには原則として社会福祉法人に担保提供義務が課されることは、吸収合併の場合と同様です（法54条の9第2項、3項）。

7　合併後の登記等

(1) 吸収合併

社会福祉法人の吸収合併は、吸収合併存続社会福祉法人の主たる事務所の所在地において合併の登記をすることによって、その効力を生じます（法50

条1項)。

　そして、吸収合併存続社会福祉法人は、吸収合併の登記の日に、吸収合併消滅社会福祉法人の一切の権利義務（当該吸収合併消滅社会福祉法人がその行う事業に関し行政庁の認可その他の処分に基づいて有する権利義務を含みます。）を承継します（法50条2項）。

(2) 新設合併
　ア　定款の作成
　　　新設合併設立社会福祉法人の定款は、新設合併消滅社会福祉法人が作成します。この場合、所轄庁の認可を受ける必要はありません（法54条の10第2項）。
　イ　設立登記
　　　新設合併社会福祉法人は、その主たる事務所の所在地にて設立の登記をすることによって成立します（法34条）。
　　　そして、新設合併設立社会福祉法人は、その成立の日に、新設合併消滅社会福祉法人の一切の権利義務（当該新設合併消滅社会福祉法人がその行う事業に関し行政庁の認可その他の処分に基づいて有する権利義務を含みます。）を承継します（法54条の6第1項）。

8　合併に関する書面の備置き、閲覧等
(1) 吸収合併
　　吸収合併存続社会福祉法人は、吸収合併の登記の日後遅滞なく、次の事項を記載した書面を、吸収合併の登記の日から6月間、その主たる事務所に備え置き、閲覧のように供する必要があります（法54条の4第1項、2項、規則6条の7）。
① 吸収合併の登記の日
② 吸収合併消滅社会福祉法人における債権者保護手続（法53条、54条の3）の経過
③ 吸収合併により吸収合併存続社会福祉法人が吸収合併消滅社会福祉法人から承継した重要な権利義務に関する事項
④ 吸収合併消滅社会福祉法人が備え置いた書面又は電磁的記録に記載又は記録がされた事項（吸収合併契約の内容を除く。）
⑤ 上記のほか、吸収合併に関する重要な事項

(2) 新設合併

　新設合併設立社会福祉法人は、その成立の日後遅滞なく、次の事項を記載した書面を、その成立の日から6月間、その主たる事務所に備え置かなければなりません（法54条の11第1項、2項、規則6条の11第1項）。

① 新設合併消滅社会福祉法人の成立の日
② 債権者保護手続の経過
③ 新設合併により新設合併設立社会福祉法人が新設合併消滅社会福祉法人から承継した重要な権利義務に関する事項
④ 上記のほか、新設合併に関する重要な事項

第7章
行政の役割と関与の在り方

Q&A

社会福祉法人に対する指導監督の見直し

Q108 社会福祉法人に対する指導監督が見直されると聞きましたが、その概要を教えてください。

指導監査要綱の見直し、監査ガイドラインの作成・周知、会計監査人監査導入に伴う行政監査の省略・重点化、監査周期等の見直しによる重点化、監査を担う人材の育成といった対応が予定されています。

解説

1 現状について

行政監査については、具体的な確認内容や指導監査の基準が示されていないことから、所轄庁の指導が地域により異なる、必要以上に厳しい規制が存在している等の課題、法人の自主性・自律性を尊重する必要、行政監査と会計監査との関係性を整理する必要等が認識されています。

2 見直しの方向性について

上記のような現状に対し、社会福祉法人に対する指導監督について、ガバナンス強化等による法人の自主性・自律性を前提とした上で、国の基準を明確化（ローカルルールの是正）し、指導監査の効率化・重点化を図るという基本的な考え方に基づき、次のような対応が予定されています。

(1) 指導監査要綱の見直し、監査ガイドラインの作成・周知

法令、通知で明確に定められた事項を原則とし、監査事項の整理・簡素化を図ること、併せて、監査の確認事項や指導監査の基準を明確化したガイドラインを作成し、所轄庁へ通知するとともに法人にも周知を図ること等を内容とするものです。

(2) 会計監査人監査導入に伴う行政監査の省略・重点化

指導監査要綱の見直しの際、会計監査人監査において確認する会計管理に関する監査事項の重複部分を省略し、監査の重点化を図るものです。

第7章　行政の役割と関与の在り方

(3) 監査周期等の見直しによる重点化

　過去の行政監査の結果等を踏まえ、経営組織のガバナンスの強化等が図られている等、良好と認められた法人に対しては、行政監査の実施周期を延長する一方、ガバナンス等に大きな問題があると認められる法人に対しては、毎年度監査を実施するなど、指導監査の重点化を図ることを内容とするものです。

(4) 監査を担う人材の育成

　社会福祉法人に対する指導監査が法定受託事務であることを踏まえ、監査ガイドライン等により、所轄庁職員を育成するためのプログラムを作成し、平成29年度より研修を実施することを内容とするものです。

行政と社会福祉法人の関わり方

社会福祉法の改正により、行政と社会福祉法人の関わり方について、どのように規定されているか教えてください。

社会福祉法の改正により、①行政の指導監督権限の強化、②所轄庁の移管、③国・都道府県による都道府県・市に対する法人の指導監督事務についての支援などについて規定されています。

解説
1 行政の指導監督権限の強化について
(1) 立入検査権等

所轄庁は、社会福祉法の施行に必要な限度において、法人に対し、その業務若しくは財産の状況に関し報告をさせ、又は当該職員に、法人の事務所その他の施設に立ち入り、その業務若しくは財産の状況若しくは帳簿、書類その他の物件を検査させることができることが規定されました（法56条1項）。

なお、この立入検査の権限は、犯罪捜査のために認められたものと解してはならず（法56条3項）、法人の任意に基づく検査が想定されていると考えられます。

(2) 勧告・公表・命令
　ア　改善勧告

所轄庁は、法人が、法令、法令に基づいてする行政庁の処分若しくは定款に違反し、又はその運営が著しく適正を欠くと認めるときは、当該法人に対し、期限を定めて、その改善のために必要な措置（役員の解職を除きます。）をとるべき旨を勧告することができることが規定されました（法56条4項）。

　イ　公表

所轄庁は、改善勧告をした場合において、当該勧告を受けた社会福祉法人が期限内に従わなかったときは、その旨を公表することができます（法56条5項）。

第7章 行政の役割と関与の在り方

　ウ　改善命令

　　所轄庁は、改善勧告を受けた法人が、正当な理由がないのに当該勧告に係る措置をとらなかったときは、当該法人に対し、期限を定めて、当該勧告に係る措置をとるべき旨を命ずることができます（法56条6項）。

　エ　業務停止命令・役員解職勧告

　　法人が改善命令に従わないときは、所轄庁は、当該法人に対し、期間を定めて業務の全部若しくは一部の停止を命じ、又は役員の解職を勧告することができます（法56条7項）。

　　所轄庁は、役員の解職を勧告しようとする場合には、当該法人に、所轄庁の指定した職員に対して弁明する機会を与えなければなりません。この場合においては、当該法人に対し、あらかじめ、書面をもって、弁明をなすべき日時、場所及びその勧告をなすべき理由を通知しなければならないことが規定されています（法56条9項）。

　オ　解散命令

　　所轄庁は、法人が、法令、法令に基づいてする行政庁の処分若しくは定款に違反した場合であって他の方法により監督の目的を達することができないとき、又は正当の事由がないのに1年以上にわたってその目的とする事業を行わないときは、解散を命ずることができます（法56条8項）。

(3)　公益事業又は収益事業を行う法人に対する事業停止命令

　所轄庁は、公益事業又は収益事業を行う法人（法26条1項）につき、次のいずれかに該当する事由があると認めるときは、当該法人に対して、その事業の停止を命ずることができます（法57条）。

①　当該法人が定款で定められた事業以外の事業を行うこと。

②　当該法人が当該収益事業から生じた収益を当該法人の行う社会福祉事業及び公益事業以外の目的に使用すること。

③　当該公益事業又は収益事業の継続が当該法人の行う社会福祉事業に支障があること。

2　所轄庁の移管

　社会福祉法の改正により、一部の法人（以下の表の②、④）の所轄庁が変更されました。

	区分	改正前	改正後	変更
①	主たる事務所が市の区域内にある社会福祉法人（③を除く）であってその行う事業が当該市の区域を越えないもの	市長（特別区の区長を含む）（旧法30条1項1号、法30条1項1号）		なし
②	主たる事務所が指定都市の区域内にある社会福祉法人であってその行う事業が一の都道府県の区域内において二以上の市町村の区域にわたるもの	その主たる事務所の所在地の都道府県知事（旧法30条柱書）	指定都市の長（法30条1項2号）	あり
③	地区社会福祉協議会である社会福祉法人	指定都市の長（旧法30条1項2号、法30条1項2号）		なし
④	社会福祉法人であってその行う事業が一の地方厚生局の管轄区域内において二以上の都道府県の区域にわたるもの	厚生労働大臣（旧法30条2項）	その主たる事務所の所在地の都道府県知事（法30条柱書）	あり
⑤	社会福祉法人でその行う事業が二以上の地方厚生局の管轄区域にわたるものであって、厚生労働省令で定めるもの	厚生労働大臣（旧法30条2項、法30条2項）		なし
⑥	上記以外	その主たる事務所の所在地の都道府県知事（旧法30条柱書、法30条柱書）		なし

3　国・都道府県による都道府県・市に対する社会福祉法人の指導監督事務についての支援

　厚生労働大臣は、都道府県知事及び市長に対して、都道府県知事は、市長に対して、社会福祉法人の指導及び監督に関する事務の実施に関し必要な助言、情報の提供その他の支援を行うよう努めなければならないことが規定されました（法59条の3）。

第8章

公益的取組

Q&A

公益的取組

社会福祉法の改正により、地域における公益的な取組を実施する責務が規定されたと聞きました。その概要を説明してください。

社会福祉法の改正に伴い、社会福祉法人は、社会福祉事業及び公益事業を行うに当たっては、日常生活又は社会生活上の支援を必要とする者に対して、無料又は低額な料金で、福祉サービスを積極的に提供するよう努めなければならないことが規定されました（法24条2項）。

解説
1 改正の趣旨について

社会福祉法人は、従来、様々な事業を無料又は低額な料金により展開してきましたが、社会環境の変化に伴い、多様化・複雑化する福祉ニーズを充足し、地域社会に貢献するという社会福祉法人の本来の役割を明確化するため、今回の改正で地域における公益的な取組を実施する責務が規定されました。

2 公益的な取組の内容

社会福祉法改正に伴い、社会福祉法人に公益的取組として提供するよう努める義務が課されたサービスは、以下の3点を満たすものである必要があります。

① 社会福祉事業及び公益事業を行うに当たって提供されるサービスであること
  ➤ 社会福祉と関連のないサービスは含まれません。
② 日常生活又は社会生活上の支援を必要とする者に対して提供されるサービスであること
  ➤ 心身の状況や家庭環境、経済的な理由により支援を必要とする者が含まれます。
③ 無料又は低額な料金で提供されるサービスであること
  ➤ サービス提供のための費用を下回る料金を徴収して提供するサービス、又は、料金を徴収せずに提供するサービスであることを意味します。

3　実施上の留意事項

(1) 地域公益事業（法55条の２第４項２号）との関係

　　改正社会福祉法24条２項が規定する地域における公益的取組は、全ての社会福祉法人の責務であり、継続的に行われるものではない取組も含まれます。

　　他方、地域公益事業（法55条の２第４項２号）は、社会福祉充実残額を保有している法人が、その財産を活用する社会福祉充実計画に位置付ける事業の一つです。

(2) 定款上の扱い

　　改正社会福祉法24条２項が規定する地域における公益的取組のうち、継続的に行われるものではない取組については、定款の変更を必要としません。

(3) 社会福祉事業の実施に与える影響への配慮

　　地域における公益的な取組の実施に当たっては、福祉各法に基づき基準や運営費等に係る取扱いに即して実施し、社会福祉事業の適切な実施に影響が及ばないように留意する必要があります。

(4) 複数の法人の連携

　　小規模な法人において、単独で地域における公益的な取組を実施することが困難であるような場合には、複数の法人で連携して実施することも考えられます。

　　この場合、各法人は、単に資金拠出をするだけでなく、役員や職員が直接サービスの提供に関わる等、実質的に事業等の実施主体となることが必要です。

地域における公益的な取組の実践例

地域における公益的な取組の実践例を教えてください。

地域の実情に応じて多様な取組が行われています。例えば次のような取組事例があります（「社会福祉法人制度改革の施行に向けた全国担当者説明会資料」（平成28年11月28日　厚生労働省・援護局福祉基盤課）より）。

解説
1 　高齢者の住まい探しの支援
　　課　　題　加齢により転居を希望する高齢者の存在
　　対 象 者　高齢者
　　取組内容　高齢者の転居ニーズと、不動産業者のニーズをマッチングし、法人が転居後も生活支援を継続することにより、不動産業者が安心して高齢者に住まいを賃貸できる環境づくりを実施
　　主な効果　●高齢者が地域で安心して暮らせる環境の整備
　　　　　　　●空き家問題の解消

2 　障害者の継続的な就労の場の創出
　　課　　題　商店街の閉鎖、障害者の就労の場の確保
　　対 象 者　障害者や高齢者
　　取組内容　行政や市場関係者の協力を得て、スーパーマーケットを開設するとともに、そこで障害者等が継続的に就労
　　主な効果　●障害者の就労促進
　　　　　　　●買い物難民問題の解消

3 　子育て交流広場の設置
　　課　　題　子育てで孤立する母親の存在
　　対 象 者　子育てに悩みを抱える母親
　　取組内容　施設の地域交流スペースを活用し、保育士OBや民生委員等のボランティアと連携することにより、子育てに関する多様な相談支援を行うとともに、近隣の子どもに対する学習支援を実施

主な効果　●子育てママの孤立感の解消
　　　　　●地域交流の促進

4　複数法人の連携による生活困窮者の自立支援
課　　題　雇用情勢の悪化による生活困窮者の増加
対 象 者　生活困窮者
取組内容　複数の法人が拠出する資金を原資として、緊急的な支援が必要な生活困窮者に対し、CSWによる相談支援と、食料等の現物給付を併せて実施
主な効果　●生活困窮者の自立促進

5　ふれあい食堂の開設
課　　題　地域で孤立する住民の増加
対 象 者　社会的に孤立する者
取組内容　地域住民が気軽に集える「ふれあい食堂」を設置するとともに、管理者として介護支援専門員を配置し、相談支援や地域の子育てママと子どもの交流会、ボランティアに対する学習会などを実施
主な効果　●地域で孤立する住民の孤独感の解消
　　　　　●住民相互の支えあいによる取組の促進

生活困窮者支援分野における取組例

Q112 生活困窮者支援分野における社会福祉法人の取組例を教えてください。

生活困窮者自立支援の分野では、例えば次のような取組事例があります（「社会福祉法人制度改革の施行に向けた全国担当者説明会資料」（平成28年11月28日　厚生労働省・援護局福祉基盤課）より）。

解説

1　相談・現物給付による支援
- 生活困窮者に対する緊急経済的援助のため、各法人からの拠出により設置した基金を運営（大阪府、神奈川県、埼玉県等の社会福祉協議会が実施しており、全国に拡がってきています）
- 施設に配置されているコミュニティーソーシャルワーカー（CSW）による相談支援と経済的援助をセットで提供したり、食糧支援、滞納しているライフライン料金や家賃の解消のための支援を実施

2　住まい確保のための支援
- 現在の住居で住み続けることが難しい高齢者に対する転居物件探しから入居までのコーディネートを実施
- 賃貸住宅に入居する際の保証人が確保できない人に、市町村社協が家主・不動産業者と入居に関する債務保証契約を締結し、滞納家賃（3か月分まで）等を保証し、住居確保を支援（島根県社会福祉協議会）
- 空き家を借り上げて高齢者等に転貸し、自立生活を支援

3　認定就労訓練事業所（第2種社会福祉事業）
- 障害福祉サービスや介護保険事業、子育て支援等を実施する社会福祉法人が、利用者の希望やアセスメントの結果に応じ、障害者施設のライン作業や保育園の事務作業、高齢者施設の介護業務等を認定就労訓練事業のメニューとして提供
- 障害福祉サービス等を実施する社会福祉法人が、「地域社会への貢献」の理念のもと、個性に合わせた就労形態や報酬を提案し、多様なはたらき方を作り出す「ユニバーサル就労」を実現

著者紹介

○菅田　正明（弁護士・社会保険労務士）
　横浜市役所で高齢者施設の実地指導・監査業務等に従事した後に弁護士になる。前職の経験を活かし、社会福祉法改正対応業務、実地指導・監査対応、職員研修等にも取り組む他、経営者側で職員対応、就業規則作成などの労働問題への対応実績多数。
【講演・セミナー実績】
『社会福祉法人役員の損害賠償責任と行政監査』
『社会福祉法人における理事会・評議員会の運営実務と留意点』
『改正労働契約法対応の実務と留意点』　など

○市野澤　剛士（弁護士・公認会計士）
　監査法人にて一般事業会社の監査業務等に従事した後、弁護士登録。内部統制監査導入期には基準の改正に伴う対応に尽力した。弁護士登録後は、事業再生、会社組織関係訴訟、労働事件などの企業法務を中心に手掛けている。

○香取　隆道（公認会計士・税理士）
　有限責任監査法人トーマツで大手製造業、施設サービス業などの業種を中心に監査業務に従事。その他IPOコンサルティング、J-SOX導入支援、IFRS導入支援についても手掛ける。2014年11月に独立し、現在は、会計監査、税務顧問、中小企業の再生支援などの業務を行っている。公認会計士協会　公会計協議会〈社会保障部会〉部会員。

Q&A　社会福祉法人制度改革の解説と実務
～ 平成29年全面施行対応版 ～

2017年4月10日　第1刷発行
2018年7月25日　第5刷発行

編　著　　菅田　正明・市野澤　剛士・
　　　　　香取　隆道

発　行　　株式会社ぎょうせい

〒136-8575　東京都江東区新木場1-18-11
　　　　　　電　話　編集　03-6892-6508
　　　　　　　　　　営業　03-6892-6666
　　　　　　フリーコール　0120-953-431
　　　　　　URL：https://gyosei.jp

〈検印省略〉

印刷　ぎょうせいデジタル㈱　　　Ⓒ2017 Printed in Japan
※乱丁・落丁本はお取り替えいたします。

ISBN978-4-324-10254-1
(5108309-00-000)
[略号：QA社福法人改革]